改訂版

弘法大師に親しむ

川崎一洋 著

セルバ出版

はじめに

弘法大師《こうぼうだいし》・空海《くうかい》は、日本を代表する天才にも選ばれる偉大な宗教者です。大師はその才能のすべてを世の中のために捧げ、さらに、未来永劫に亙って一切衆生を余すことなく救済することを誓い、高野山《こうやさん》の岩屋の中で深い禅定《ぜんじょう》に入り（入定《にゅうじょう》）、今なお座禅を続けていると信じられています。

入定の後も人々は、大師に対する敬慕の気持ちを募らせ、大師はすべての衆生にいつも寄り添って見守っていて、ピンチの際には助けてくださるのだという「同行二人《どうぎょうににん》」の信仰が生まれました。大師を拠《よりどころ》として頼る気持ちは宗派や地域を超えて草の根に浸透し、津々浦々に大師の像が祀られるようになり、弘法大師信仰は、一つの文化として、自然な形で日本人の心に刷り込まれていきました。

筆者が生まれ育った岡山の田舎にも村の大師堂があり、毎月二十一日の縁日には、地域の人々が集い、小さな大師像に祈りを捧げ、大師への信仰を通じて親睦を深めていました。筆者にとっては懐かしい思い出ですが、このような大師講《だいしこう》は、全国のどこに行っても存在しています。

本書は、歴史上の一人の天才的な人物「空海」を紹介するのではなく、日本人の心の原風景に潜む「弘法さま」、「お大師さま」の魅力を再発見していただくことを目的としています。

あるお遍路さんが、「弘法大師は道におられる。」とおっしゃいました。もちろん、四国霊場を巡拝する遍路修行者にはその道中、大師が付き添い、さまざまな不思議な力を示して守護してくださいます。しかし遍路道を歩いてみると、路傍のあちらこちらに、実際にたくさんの石の大師像が祀られていることにも気付きます。そして、それらの大師像はいずれも表情豊かで、手を合わせてお顔を拝すると、ほっとして心が癒されます。

その癒しを他の多くの人にも感じていただきたい。そんな思いで、四国遍路の途中で出会う石の大師像の写真集を作ろうと企画しました。大師の縁日の二十一日にちなみ、二十一体の大師像を選び、現代を生きる私たちにとっても大きな指針となる大師の金言を添えました。また、大師についての基礎知識を提供すべく、大師の生涯、四国と大師、大師像の特徴についての簡単な解説、そしてキーワード集を付しています。

弘法大師について「学ぶ」のではなく、親しんでいただきたい。それが筆者の思いです。本書によって、一人でも多くの「弘法大師ファン」が増えることを望んでいます。

川﨑　一洋

改訂版　弘法大師に親しむ　目　次

2 弘法大師を知る

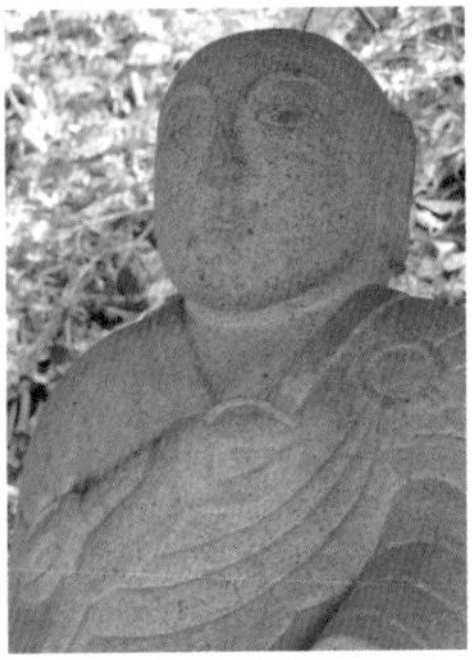
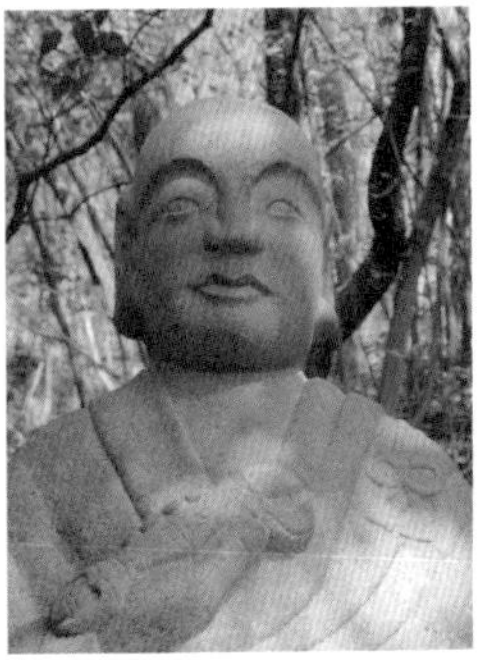
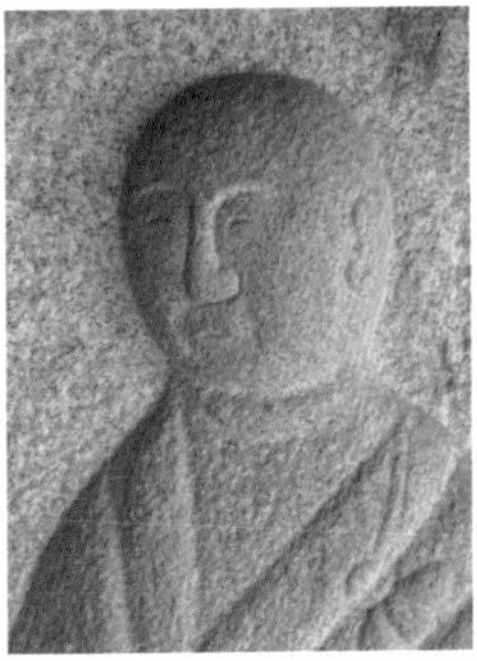

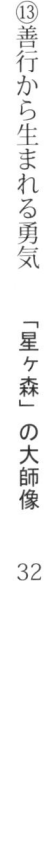

1　弘法大師の金言と、癒しの大師像

「鏡石」の大師像

弘法大師の言葉 1

生《しょう》は昨日《きのう》の如《ごと》くなれども、霜鬢《そうびん》忽《たちま》ちに催《もよお》す。

『性霊集（補闕鈔）』巻第八・『教王経開題』

現代語訳

自分がこの世に生まれたのはつい昨日のように感じられるけれども、気付けばあっという間に白髪が増え、年老いてゆく。

解説

日本は長寿大国といわれますが、人の寿命は長いようでいて短いもの。我々は、死に向かって一分一秒を過ごしています。弘法大師は命のはかなさを、「命の短きこと雷光《らいこう》よりも急なり」、「命の速やかなること飛ぶ箭《や》の如し」ともおっしゃっておられます。

死は、いつ訪れるかわかりません。一日一日を大切にし、何事にも一生懸命、悔いの残らぬよう、与えられた命を謳歌したいものです。

常楽寺のあららぎ大師像

第十四番霊場・常楽寺の境内には、アララギ（イチイ）の巨木が聳えている。その枝分かれした幹の股に小さな大師像が安置されており、「あららぎ大師」として信仰を集めている。この木の樹皮を煎じて飲むと糖尿病が治ると伝わる。

（徳島県徳島市国府町延命）

弘法大師の言葉 2

抜苦《ばっく》は軽重《きょうじゅう》を問《と》うこと無《な》く、与楽《よらく》は親疎《しんそ》を論《ろん》ぜず。

『性霊集』巻第六

現代語訳

仏は、差別することなく、どんな人のどんな苦しみでも取り除こうとしてくださる。仏は、分け隔てなく、どんな者にでも平等に幸福を与えようとしてくださる。

解説

「仏の心」とは、他の苦しみを取り除こう、他に楽を与えようと常に願う心であり、それを「慈悲《じひ》の心」というと弘法大師は述べておられます。

そして我々も、慈悲の心を持てば、いつでもだれでも仏になれるのです。

しかし、慈悲の心に分け隔てがあってはなりません。味方であれ、敵であれ、好きな人であれ、嫌いな人であれ、すべての相手、すべての人の幸せを願ってあげられる心。それが、本当の慈悲の心です。

取星寺境内の大師像

大師が法力によって落とした星を祀ったことで知られる番外霊場の取星寺《しゅしょうじ》。広い境内には、文化 11 年より 25 年の歳月を費やして造立された四国八十八ヶ所霊場の本尊と 88 体の大師の石像が安置されている。いずれの大師像も穏やかな表情。

（徳島県阿南市羽ノ浦町岩脇）

弘法大師の言葉 3

夫《そ》れ禿《かぶろ》なる樹《き》、定《さだ》んで禿《かぶろ》なるに非《あら》ず。春《はる》に遇《あ》うときは則《すなわ》ち栄《さか》え華《はな》さく。

『秘蔵宝鑰』

現代語訳

葉を落として丸裸の冬の木は、ずっと裸のままではない。春になれば再び芽を吹き、美しい花を咲かせる。

解説

人生には、楽しいことよりも辛いことのほうが多く、喜びよりも悩みのほうが多いものです。

しかし、時間はどんどん流れてゆきます。未来にはきっとよいこともあるはず。丸裸の冬の落葉樹も、根をしっかりと張って北風に堪えていれば、必ず春には枝に新しい芽を吹き、個性豊かな花を咲かせます。

苦しい時こそ、心を正しく保ち、腰を据えて物事の真実を見極めるべきです。よりよい未来を創るのは自分の心次第。

「星の岩屋」の大師像

錫杖《しゃくじょう》と鉄鉢《てっぱつ》を持つ旅姿の修行大師像。台座の銘によれば、皇紀2600年を記念して造立された。星の岩屋は、大師が鉤召《こうちょう》の秘法によって引き寄せた妖星が空から落下した霊跡。阿波勝浦八景にも数えられる名勝で、「裏見《うらみ》の滝」が流れ落ちる。

（徳島県勝浦郡勝浦町星谷）

弘法大師の言葉 4

菩薩《ぼさつ》の用心《ようじん》は皆《みな》、慈悲《じひ》を以《もっ》て本《もと》とし、利他《りた》を以《もっ》て先《さき》とす。

『秘蔵宝鑰』

現代語訳

菩薩と呼ばれる人が何かを思い行動を起こす時は、すべて慈悲を基本とし、他者の利益を優先させる。

解説

菩薩とは、他者の幸福を一番に考えることのできる人。苦しみ悩んでいる人がいれば助けたいと思い、悲しんでいる人がいれば喜ばせてあげたいと思える人。

お寺の本堂の奥深く祀られた、観音様や文殊様だけが菩薩ではありません。思いやりの心を持てば、だれでも菩薩になりうるのです。あなたも菩薩、私も菩薩。皆が菩薩。それが理想の世界です。

自分のことより他人のことを先に考える。幸福な社会を築いてゆくためには、そんな心配りから始めましょう。

坂本大師堂の大師像

冬の寒さに悩む大師をもてなした老婆の功徳により、坂本の村には霜が降らないといわれる。大師は宿の暖かい火に「極楽。極楽。」と安堵された。明和５年奉納の大師像の台座にも「極楽」の文字。集落で大切に祀られてきた大師像。

（徳島県勝浦郡勝浦町坂本）

弘法大師の言葉 5

夫《そ》れ仏法《ぶっぽう》遥《はる》かに非《あら》ず、心中《しんじゅう》にして即《すなわ》ち近《ちか》し。

『般若心経秘鍵』

現代語訳

そもそも仏法は、手の届かない遠くにあるものではない。近くも近く、自分の心の中にあるのである。

解説

瞑想といえば、足の痛みに耐えつつ、次々と湧いてくる妄想と格闘しながら長い時間坐り続ける、そんな苦行を想像するでしょう。

しかし、瞑想とはそんなに難しいものではありません。その基本は、自分の心を客観的に見つめることです。そして、心の中から真理を見つけ出すのです。

お風呂でリラックスしながら、夜、布団に入ってから、自分がその日にどんなことを思い、どんなことをしたか、反省してみましょう。それも立派な瞑想です。

犬墓大師堂の大師像

大師が修行中に連れていた犬が命を落とし、悲しんだ大師が犬の遺骸を葬ったとされる場所に建つ犬墓《いぬのはか》大師堂。大師堂の近くには犬の姿を彫った小さな墓石があり、地名も「犬墓」。大師堂内に祀られる大師像は慈愛に満ちた表情。

（徳島県阿波市市場町犬墓）

弘法大師の言葉 6

我《われ》を生《しょう》じ我《われ》を育《いく》するは父母《ふも》の恩《おん》、天《てん》よりも高《たか》く、地《ち》よりも厚《あつ》し。

『性霊集（補闕鈔）』巻第八・『教王経開題』

現代語訳

私がこの世に生まれ、今まで生きてこられたのは、父と母のおかげである。その恩は、天よりも高く、地面よりも厚い。

解説

「孝行したいが親はなし」とよくいわれますが、親が元気なうちは、なかなかその大きな恩に気付かないもの。

父親か母親が生きているうちは、人はいくつになっても子供です。知らず知らずのうちに親に甘え、親を頼りにしてしまうもの。両親を亡くしてはじめて、本当の大人になれるような気がします。

身を粉にし、自分の命を賭してでも親孝行しなさいと、弘法大師は誡められています。

中務茂兵衛建立の大師像

室戸岬の近く、巨岩が重なり合ってできた海辺の洞穴の中に、中務茂兵衛《なかつかさもへえ》建立の大師像が坐している。茂兵衛は生涯に四国遍路を 280 回も行った大先達。大師像は 224 度目の巡拝を記念して明治 41 年に建立された。

（高知県室戸市室戸岬町三津）

弘法大師の言葉 7

朝夕《ちょうせき》に涙《なんだ》を流《なが》し、日夜《にちや》に慟《いたみ》を含《ふく》むといえども、亡魂《ぼうこん》に益無《えきな》し。

『性霊集（補闕鈔）』巻第八

現代語訳

一日中涙を流し、一日中嘆き悲しんでいても、亡くなった人の魂はちっとも喜ばない。

解説

最愛の者を亡くした際の悲しみは、計り知れないものです。時として立ち直れない場合もあるでしょう。

しかし、いくら涙を流し、いくら嘆いていても、亡くなった人の魂は決して喜びません。むしろ心配して、草葉の陰で悲しんでいるはずです。

この世に残った親族や友人、愛する人が、幸せな人生を送り、笑顔で暮らすこと。それが、亡くなった者の魂が最も望んでいることです。

死はだれにでも訪れるもの。それを受け入れる決断力が必要です。

竹林寺境内の大師像

第三十一番霊場・竹林寺は、土佐随一の名刹。仁王門から伽藍へ続く静かな石畳の参道の脇に、小さな修行大師像が祀られている。苔むした台座には「千百年記念」の文字が刻まれており、入定1100年の御遠忌《ごおんき》の際の造像と思われる。

（高知県高知市五台山）

古《いにしえ》の人《ひと》は道《どう》の為《ため》に道《どう》を求《もと》む。今《いま》の人《ひと》は名利《みょうり》の為《ため》に求《もと》む。

『性霊集（補闕鈔）』巻第十

現代語訳

昔の人は、その道（仏道）を究めようとして学んだが、今の人は、地位や名声を得るために学ぼうとする。

解説

「全入の時代」といわれる現在、昔に比べ、大学への進学率は大幅に上昇しました。

しかし、夢や志があって、本当に何かを学びたいと願って大学に入る若者は減っているように思います。自分の経歴に箔を付けるためだけに大学を受験するのです。

社会に出てからもそうです。出世して偉くなるためだけに仕事を頑張る。それではストレスが溜まります。

たった一度の人生、自分が本当にやりたいと思うことに捧げなければ、損です。

青龍寺参道の大師像

「蟹ヶ池《けにがいけ》」と呼ばれる湿地に沿って続く第三十六番霊場・青龍寺の参道。その道沿いに、四国八十八ヶ所霊場の本尊と大師の姿を刻んだ石仏が順に安置されている。浅い彫りの素朴な大師像であるが、人々の祈りをずっと受け止め続けてきた。

（高知県土佐市宇佐町竜）

弘法大師の言葉 9

過去《かこ》を顧《かえりみ》れば冥々《みょうみょう》として其《そ》の首《はじめ》を見《み》ず。未来《みらい》に臨《のぞ》めば漠々《まくまく》として其《そ》の尾《おわり》を尋《たず》ねず。

『秘蔵宝鑰』

現代語訳

過去を振り返っても真っ暗闇で、その始まりを知ることはできない。未来を見渡してみてもとりとめがなく、その終わりに辿り着くことはできない。

解説

「過去を追うな、未来を願うな。」お釈迦様もおっしゃっておられます。いくら悔やんでも、過去を変えることはできません。いくら願っても、いくら心配しても、未来を知ることはできません。

「現在」が最も大切なのです。

今を見極めて、今なすべきことに精一杯努力する。それがよりよい未来を切り開きます。人生、山あり谷あり。どんな状況にあっても、今を一生懸命に生きてゆきましょう。

竹島大師堂の大師像

四万十川《しまんとがわ》の河口近く、「大師の渡し」と呼ばれる渡し場の跡に大師堂が建っており、お遍路さんたちの無料宿泊所にもなっている。大師堂の中には、高い台座の上に立派な大師像が祀られていて、地元の人々によって大切に守られている。

（高知県四万十市竹島）

弘法大師の言葉 10

喜《き》とは随喜《ずいき》なり。他《た》の善《ぜん》を見《み》て猶《なお》し己《おの》が如《ごと》くにす。

『秘密曼荼羅十住心論』

現代語訳

本当の喜びとは、随喜することである。他人が善行によって得た喜びを、自分の喜びとして感じることである。

解説

「菩薩とは、他者の悲しみを我が悲しみとし、他者の喜びを我が喜びとする人。これからは菩薩として生きなさい。」筆者が高野山で得度《とくど》（髪を剃って僧侶となる儀式）を受けた時、師僧から授かった言葉です。

さて、他人の悲しみを自分の悲しみとすることは、同情心から比較的容易かもしれません。しかし、人間は嫉妬しやすい生き物。他人の喜びを自分の喜びとすることは意外と難しいものです。

他人の幸福を素直に喜べるようになった時、私たちは本当の菩薩になれるのかもしれません。

伊豆田峠の大師像

足摺岬へ向かう遍路道が続く伊豆田峠《いずたとうげ》の木漏れ日の中、ひっそりと坐す大師像。かつては近くに大師の加持水が湧いていたとされる。今ではトンネルの開通によって、伊豆田峠を越えるお遍路さんはほとんどいなくなってしまった。

（高知県四万十市深木）

弘法大師の言葉 11

一切智智《いっさいちち》とは、智《ち》とは決断《けったん》と簡択《けんじゃく》の義《ぎ》なり。

『即身成仏義』

現代語訳

森羅万象や心の中に遍在する無量の仏の智慧。その智慧とは、正しく判断し、選び取るということである。

解説

生きてゆくということは、選択の連続です。小さな決断もあれば、たまに大きな決断もあります。

衝動的な欲望や一時的な感情で誤った選択をしてしまい、後悔することもしばしばあるでしょう。

一つ一つの選択において、仏様だったらどちらを選ばれるだろうか、お大師様だったらどう決断されるだろうか、参考にしてみてください。

冷静に物事の本質を見極めた上での選択、自分の利益だけでなく、他の利益を優先する選択。そんな選択が、将来の自分自身の幸福につながるはずです。

歯長地蔵堂の大師像

第四十二番霊場・仏木寺から歯長峠《はながとうげ》を越えたその麓、谷川の畔に歯長地蔵堂があり、地蔵尊、不動尊の石仏とともにずんぐりとした小さな大師像が祀られている。地蔵堂が建てられるまでは、山際にあった大岩の穴の中に安置されていたという。

（愛媛県西予市宇和町下川）

弘法大師の言葉 12

大空《だいくう》は則《すなわ》ち大自在《だいじざい》なり、大《だい》自在《じざい》は則《すなわ》ち大我《だいが》なり。

『秘密曼荼羅十住心論』

現代語訳

「空《くう》」を理解する大いなる境地に達した人は、自由自在な世界を得ることができる。自我にとらわれない自由自在な世界を得た人は、大いなる自分を持っている。

解説

自分はこんなにすばらしい人間だ、自分は人とは違うんだ、自分は偉いんだ…。人はだれにでもプライドがあり、自分の存在を周囲や世間にアピールしたがるものです。

しかし、だれが優れているとか、だれのほうが偉いとか、そんなくだらない議論はやめましょう。本当の自分を、飾らず正直に生きればよいのです。そんな自由な自分を「大我」と呼ぶのです。

本当に魅力的な人間は、自己主張しなくても自然に輝いているものです。

「十夜ヶ橋」の通夜し給う大師像

十夜ヶ橋《とよがはし》は、大師がその下で野宿したとされる有名な番外霊場。横になって衆生救済の方策を思案するうち、一夜が十夜の長さに感じられたことからその名が付いた。橋の下の川岸には、“通夜《つや》し給《たま》う”寝姿の大師の像が安置されている。

（愛媛県大洲市東大洲）

弘法大師の言葉 13

悪《あく》を断《だん》ずるが故《ゆえ》に苦《く》を離《はな》れ、善《ぜん》を修《しゅ》するが故《ゆえ》に楽《らく》を得《う》。

『秘蔵宝鑰』

現代語訳

悪いことを止めれば苦しみから離れ、善いことを行えば楽を得ることができる。

解説

人間には本来、悪を戒める善良な心が具わっているものです。そのため、悪いことをすれば後悔と不安にさいなまれますが、逆に善いことをすれば、誇りと自信を得ることができます。

自分が損をしても、正直者が馬鹿を見るようなことがあっても、善いことをしましょう。善いことをして生じた誇りと自信は、大きな勇気を育みます。

善いことをして悪いことをしない。これは仏の教えの基本です。そうしていれば、畏れは生じません。

「星ヶ森」の大師像

第六十番霊場・横峰寺の奥の院である星ヶ森《ほしがもり》は、大師が星供《ほしく》の秘法を修したとされる霊跡。霊峰・石鎚山《いしづちさん》を遥拝するための鉄《かね》の鳥居の近く、たくさんの平たい石を積んでできた小堂の中に、明治３年造立の涼しげな眼差しの大師像が坐す。

（愛媛県西条市小松町石鎚）

弘法大師の言葉 14

一《ひと》つの檀《だん》の中《なか》に六度《ろくど》及《およ》び十度《じゅうど》無量《むりょう》の波羅蜜《はらみつ》を具《ぐ》して、檀《だん》の義《ぎ》を釈《しゃく》すべし。

『金剛般若波羅蜜経開題』

現代語訳

布施の修行の中に、六波羅蜜や十波羅蜜などの、すべての菩薩の修行が含まれていると、布施の修行の大切さを理解しなさい。

解説

布施は、自分の持ち物や思いやりの心を他人に施すという、大乗仏教徒が実践すべき最も重要な修行です。

布施には大きく三つの種類があります。

食べ物や金品を施す「財施《ざいせ》」、仏の教えを説き聞かせる「法施《ほっせ》」、不安を取り除き、安心を与えてあげる「無畏施《むいせ》」の三種です。席を譲ったり、笑顔で挨拶することも立派な布施です。

ただし、どんな布施にしろ、決して見返りを求めるものであってはなりません。

網掛石大師堂の大師像

三坂峠《みさかとうげ》から松山平野へ下る遍路道沿いに、不思議にも網の目のような模様が付いた大岩があり「網掛石《あみかけいし》」と呼ばれている。大師が網に入れ、天秤棒に吊るして運んだ岩とされる。その傍にある大師堂には、大正 10 年奉納の大師像が祀られる。

（愛媛県松山市久谷町榎）

弘法大師の言葉 15

能《よ》く誦《じゅ》じ能《よ》く言《い》うこと鸚鵡《おうむ》も能《よ》く為《な》す。言《い》って行《ぎょう》ぜずんば何《なん》ぞ猩猩《しょうじょう》に異《こと》ならん。

『秘蔵宝鑰』

現代語訳

すばらしい言葉をそらんじて述べることは、鸚鵡にでもできる。言うだけで実行しないならば、どうして猩猩と異なることがあるだろうか。

解説

人間は哲学する動物です。多くのことを学び、多くのことを考え、より崇高に生きようとします。

しかし、いくら高い志を持ち、多くの理想を抱えていても、それを実行しなければどうにもなりません。

口で言うだけなら、人間の言葉をまねる鸚鵡や猩猩（人間の言葉を理解する伝説上の獣）にだってできます。

釈尊や弘法大師の教えもそうです。実践しなければ意味がないのです。

青木地蔵堂の杖大師像

大師が巡錫中に青木《あおき》の木を植えたとされる霊跡・青木地蔵堂の境内には、大師の加持水が湧いており、飲めば腰から下の病に効くといわれる。加持水の傍には、大きな岩に彫られた「杖大師《つえだいし》」の像が祀られている。明治44年建立の銘がある。

（愛媛県今治市菊間町種）

弘法大師の言葉 16

蓮《はちす》を観《かん》じて自浄《じじょう》を知《し》り、菓《このみ》を見《み》て心徳《しんとく》を覚《さと》る。

『般若心経秘鍵』

現代語訳

観自在菩薩は、泥の中から生じても汚れることなく咲く蓮の花を見て、一人一人の人間が本来清らかな存在であることを知り、蓮の実を見て、一人一人の人間の心の中に、それぞれのすばらしい特性が具わっていることを見抜く。

解説

私たちはおしなべて、他人の欠点にばかり気付くものです。しかし、相手の欠点を見付けても悲しいばかり。その人の長所を見付けるように心がけてみましょう。

そのためには、好きとか嫌いとか、自分の役に立つとか役に立たないとか、勝手な主観を取り除き、純粋な目で、愛情を持って他人を見つめることが大切です。

皆のことを好きになれる人間は、皆からも好かれるのです。

北条風早の赤大師像

旧北条市の風早《かざはや》地区には、風早八十八ヶ所の霊場が開設されている。その番外第九番の小さなお堂の中に、「赤大師《あかだいし》」と呼ばれるユニークな大師像が安置されている。全身が真っ赤に塗られており、顔には真っ白な化粧が施されている。

（愛媛県松山市北条辻）

弘法大師の言葉 17

煩悩《ぼんのう》即《すなわ》ち菩提《ぼだい》なれば、断証《だんしょう》を労《ろう》すること莫《な》し。

『秘密曼荼羅十住心論』・『秘蔵宝鑰』

現代語訳

煩悩こそが悟りに他ならないのであるから、苦労して煩悩を断ち切って悟ろうとする必要はない。

解説

煩悩の最たるは欲。欲は一般に否定されるべきものですが、欲をなくしてしまったら、人間は生きてゆくことができません。食欲、性欲、睡眠欲…。欲も、かけがえのない生命を支えている、立派なエネルギーです。

欲を悟りに転化する。自分一人だけが得をしようとする小さな欲を、皆が幸せになることを願う大きな欲に育てればよいのです。

自分が、自分が、という「自我」を捨ててしまえば、煩悩も悟りに他ならないのです。

「聞持石」の大師像

第八十一番霊場・白峯寺の前札所《まえふだしょ》とされる遍照院《へんじょういん》。大師がこの寺に逗留した際、地中から宝珠形の巨石が出現し、大師はその上で虚空蔵求聞持法《こくうぞうぐもんじのほう》を修したと伝えられる。巨岩は「聞持石」と呼ばれており、その上に大師像が乗せられている。

（香川県坂出市高屋町）

弘法大師の言葉 18

喜《よろこ》ぶこと莫《なか》れ、嗔《いか》ること莫《なか》れ、是《こ》れ法界《ほっかい》なり。

『性霊集（補闕鈔）』巻第十

現代語訳

一々の出来事に、喜んではならない、怒ってはならない。心とは本来、常に静かで穏やかなものであり、悟りの世界そのものなのである。

解説

ピンチはチャンスといいます。苦境にある時こそ、その原因を見極め、反省して、よりよい未来を切り開いてゆけるのです。

しかしその逆に、チャンスはピンチともいえます。何か嬉しいことがあって、喜んで浮かれていたら、足をすくわれる場合だってあります。

弘法大師は、感情を持つなとおっしゃっているのではありません。どんな時もドンと構えて、心静かに、大局を見渡せる余裕が必要です。

閼伽井大師堂の大師像

第八十一番霊場・白峯寺の登山口に位置する松井地区には、大師が掘ったとされる五つの井戸が点在し、「松井の五壺《ごつぼ》」と呼ばれている。その一つ「閼伽井《あかい》」の傍に建つ大師堂に安置される30㎝に満たない小さな大師像。優しい笑みを湛える。

（香川県坂出市高屋町松井）

弘法大師の言葉 19

加持《かじ》とは、如来《にょらい》の大悲《だいひ》と衆生《しゅじょう》の信心《しんじん》とを表《ひょう》す。

『即身成仏義』

現代語訳

加持とは、仏の大いなる慈悲と、衆生の揺ぎない信心が、一つになることである。

解説

仏・菩薩や、弘法大師は、いつも大きな慈しみの心で我々のことを見守ってくださっています。

しかし、我々の側に固い信心がなければ、その慈悲を受け止めることはできません。

信心とは、ただ仏様や弘法大師様を信じることだけではありません。必ず悟りの境地に辿り着こう、生きとし生けるものすべての幸福を実現しよう、という決意です。

仏様、弘法大師様の慈悲の心と、祈る人の信心が一つになった時、人知を超えた不思議な力が働きます。

「独鈷水」の大師像

第八十五番霊場・八栗寺へと続く急峻な遍路道の途中に、大師ご開鑿《かいさく》の霊泉「独鈷水《とっこすい》」が湧く。霊泉の周囲にはたくさんの大師像が奉納されているが、写真の像は最も大きなもので、台座に大正13年造立の銘がある。笑顔がとてもユーモラス。

（香川県高松市牟礼町牟礼）

弘法大師の言葉 20

内色《ないしき》定《さだ》んで内色《ないしき》に非《あら》ず、外色《げしき》定《さだ》んで外色《げしき》に非《あら》ずして、互《たが》いに依正《えしょう》と為《な》る。

『声字実相義』

現代語訳

心を持つ人間と、それを取り囲む自然環境は、互いに対立するものではなく、一つなのである。

解説

若き日の弘法大師が修行を重ねられた太龍寺山《たいりゅうじさん》や石鎚山《いしづちさん》などの四国の深山を訪ねると、美しい森の緑や、木々を渡る風の匂い、鳥の囀る声に、心が癒されてゆきます。そして、裸になった心は自然の中に溶け出し、心と自然が一つになった感覚を覚えます。

そこには、小さな自分はなく、認識する「主体」と認識される「客体」の相対的な関係もありません。

自然を大切に、自分を大切に、すべての生きとし生けるものを大切に。

「喰わずの梨」の大師像

梨の実を旅人に分け与えなかった慳貪《けんどん》の人を戒めるため、大師が固くて食べられない実に変えてしまったとされる「喰《く》わずの梨《なし》」の木の傍に坐す大師像。台座に明治15年建立の銘が見られる。固くて渋い実のなる梨の木は、実際は花梨《かりん》の木。

（香川県高松市屋島中町）

弘法大師の言葉 21

心暗《こころくら》きときは即《すなわ》ち遇《あ》う所悉《ところことごと》く禍《か》なり。眼明《まなこあき》らかなるときは則《すなわ》ち途《みち》に触《ふ》れて皆宝《みなたから》なり。

『性霊集（補闕鈔）』巻第八

現代語訳

心に迷いがある時には巡り合うものすべてが禍《わざわい》となり、心の目をしっかり開いて正しい見方をすれば、出会うものすべてが価値あるものとなる。

解説

心が鬱《ふさ》いでいると、不幸が不幸を呼び、何事もうまくゆかなくなってしまうものです。

そんな時には一度立ち止まって、ゆっくりと心を観察し、心を曇らせているその原因を突き止めることが大切です。そしてその原因を断ち切って、きっぱりと心の転換を行いましょう。

正しく、明るく、清らかな心が、たくさんの幸せをもたらします。

善通寺境内の大師像

善通寺の広い境内の一角に安置された大師像。台座には明治 27 年建立の銘がある。大師像の背後に見える建物は御影堂《みえどう》の奥殿で、大師はこのあたりにあったとされる佐伯直田公《さえきのあたいたぎみ》の屋敷で誕生された。奥殿の傍には、産湯の井戸が残る。

（香川県善通寺市善通寺町）

コラム・日日影向文

卜居於高野樹下（居《こ》を高野《こうや》の樹下《じゅげ》に卜《ぼく》し）
遊神於兜卒雲上（神《たましい》を兜卒《とそつ》の雲上《うんじょう》に遊《あそ》ばしめ）
不闕日日之影向（日日《にちにち》の影向《ようごう》を闕《か》かず）
検知處處之遺跡（處處《しょしょ》の遺跡《ゆいせき》を検知《けんち》す）

「日日影向文《にちにちようごうのもん》」と呼ばれる偈文《げもん》（漢詩）です。この詩の作者は不明ですが、大師の高弟の一人・真然《しんぜん》大徳が著したとされる『阿波国大瀧寺縁起』に出ており、一説には、東寺の勝実《しょうじつ》僧正が讃岐の善通寺で大師直筆のこの詩を発見したともいわれています。興教大師《こうぎょうだいし》・覚鑁《かくばん》の『弘法大師講式』にも引かれています。

詩の全体を解釈すれば、「大師は高野山の樹下に身を留め、心は弥勒菩薩の浄土である兜率天に遊ばせ、毎日欠かすことなく縁のある各地の遺跡に姿を現して、人々のことを見守っている。」という意味になります。

高野山の総門である大門《だいもん》の中央二本の柱に掲げられた聯《れん》（柱や壁に一対にして掛けられる書画で飾られた長い板）には、この詩の後半の二句が法性寺流《ほっしょうじりゅう》と呼ばれる独特の書体で記されています。この聯の文字は、弘法大師に深く帰依あそばされた後宇多上皇の宸筆を写したものとされています。

高野山の大門

2　弘法大師を知る

屋島寺参道の大師像

弘法大師の生涯

◇幼少期と、若き日の修行

弘法大師は、宝亀五年（七七四）、讃岐国多度郡《さぬきのくにたどのこおり》、現在の香川県善通寺市に生まれました。

父は佐伯直田公《さえきのあたいたぎみ》、母は阿刀《あと》氏の娘とされています。父方の佐伯氏は有力な讃岐の豪族で、母方の阿刀一族は、学問をもって朝廷に仕えた名門で、大師のおじにあたる阿刀大足《あとのおおたり》は、伊予親王の侍講（家庭教師）を務めた学者でした。なお伝承の上では、大師の父は佐伯善通《さえきのよしみち》、母は玉依《たまより》（玉寄）御前《ごぜん》の名で呼ばれます。

大師は幼名を真魚《まお》といい、幼少の頃より人並み外れたさまざまな才能を発揮し、人々からは神童《しんどう》と称され、両親は大師を貴者《とうともの》と呼んで大切に育てました。

大師は十五歳の時に都に上り、おじの阿刀大足の許で本格的な学問を始めました。その後、十八歳で大学の明経《みょうぎょう》科に入学し、岡田牛養《おかだのうしかい》や味酒浄成《うまざけのきよなり》について中国の古典を学びました。大師の勉学に対する態度はすさまじく、首に縄を掛け、錐《きり》で腿《もも》を刺して睡魔を克服したと『三教指帰《さんごうしいき》』の中で述べています。

しかし、漢籍を暗記するだけの学問や、名門貴族の子弟の官吏養成を目的とした大学の学風に矛盾を感じた大師は、大学を中退し、私度僧《しどそう》（国の認可を受けず、みずからの意思のみで仏道修行を行う者）となって四国の大自然の中に身を置き、厳しい修行に没頭しました。

大師が若い頃の自伝を述べた『三教指帰』の序文には、一人の沙門から「虚空蔵求聞持法《こくうぞうぐもんじのほう》」と呼ばれる修行法を教わり、阿波の大瀧嶽《たいりょうのたけ》や土佐の室戸崎《むろとのさき》においてこの法を修し、不思議な宗教体験をしたことが記されています。

虚空蔵求聞持法は、「ノウボウ、アキャシャキャラバヤ、オン、アリキャマリボリ、ソワカ」という虚空蔵菩薩の真言を百万遍唱え続ける密教の修法で、成し遂げた者には超人的な記憶力が具わるといわれます。

俗典を学ぶ大師（『弘法大師行状記』・大日寺蔵）
十八歳となった大師は大学に入り、高名な学者たちの許で『毛詩』（『詩経』）、『尚書』（『書経』）、『左氏春秋』などの漢籍を熱心に学んだ。

虚空蔵菩薩像
（『別尊雑記』・大正新脩大蔵経所収）
護命《ごみょう》僧正および大師が虚空蔵求聞持法の本尊に用いたとされる図像。護命僧正は法相教学を極めた元興寺《がんごうじ》の学僧であるが、吉野山に籠って山林修行も行った。

◇入唐求法

仏道修行を続ける大師は、仏のお告げによって、奈良・久米寺《くめでら》の東塔の中で『大日経《だいにちきょう》』という経典を発見します。一説に、お告げを授けたのは東大寺の大仏であったともいわれています。しかし『大日経』は、曼荼羅《まんだら》の描き方や印契《いんげい》の結び方、インドの言葉で唱える真言などの実践法を中心に説いた密教の経典であり、その実践を極めた師の指導がなければ、その内容を正しく理解することができません。そこで、大師は密教の師を求めて唐の国（中国）に渡ることを決意したといわれています。

大師は、留学僧《るがくそう》として入唐《にっとう》するため、正式な僧侶となるための得度《とくど》と受戒《じゅかい》の儀式を受け、『般若心経』百巻を書写して八幡神《はちまんじん》に渡海の無事を祈願したといわれています。

なお、大師は二十歳の時に槇尾山寺《まきのおさんじ》（和泉市の施福寺《せふくじ》）において勤操《ごんぞう》僧正を戒師として得度を受けたという伝統説

出航する遣唐使船（『高野大師行状図画』・地蔵院蔵）

大師を乗せた遣唐使船は、延暦 23 年（804）の 7 月 6 日に肥前国の田浦を出発し、8 月 10 日に中国福州の赤岸鎮に漂着した。大師の隣に描かれた黒い束帯《そくたい》姿の人物は、遣唐大使の藤原葛野麻呂と思われる。

もありますが、最近の研究では、二十五歳で得度し、三十歳で受戒したという説が有力視されています。

延暦二十三年（八〇四）七月六日、遣唐使船四隻は、肥前（長崎県）の田浦《たのうら》を出発しました。遣唐大使は藤原葛野麻呂《ふじわらのかどのまろ》。大師は大使と同じ第一船に乗り、第二船には、後に比叡山《ひえいざん》を開き天台宗を立宗する伝教大師《でんぎょうだいし》・最澄《さいちょう》も乗っていました。

当時、海を渡る大陸への旅は命がけで、人々は大きな苦難を強いられました。大師の乗った船も暴風雨に遭い、出発からおよそ一ヶ月後に福州《ふくしゅう》（現在の福建省）の赤岸鎮《せきがんちん》に漂着しました。しかし、九死に一生を得たにもかかわらず、一行は日本からの正式な使節とは認められず、福州の長官は入国を許可しませんでした。そこで大師が長官に宛てて書状をしたためたところ、その格調高い文章と筆跡に福州の役人たちは感服し、一転して、入国と入京が認められたのです。

唐の都・長安《ちょうあん》（現在の西安《シーアン》）は、世界中の人々や文化が集まる国際都市でした。大師は西明寺《さいみょうじ》に住し、インドから来た般若《はんにゃ》三蔵や牟尼室利《むにしり》三蔵に梵語（インドの言葉）を学びました。そして延暦二十四年（八〇五）五月、三十二歳の大師は、インドから伝わった当時最新の仏教であった密教を大成した恵果和尚《けいかかしょう》を青龍寺《しょうりゅうじ》に訪ねたのです。

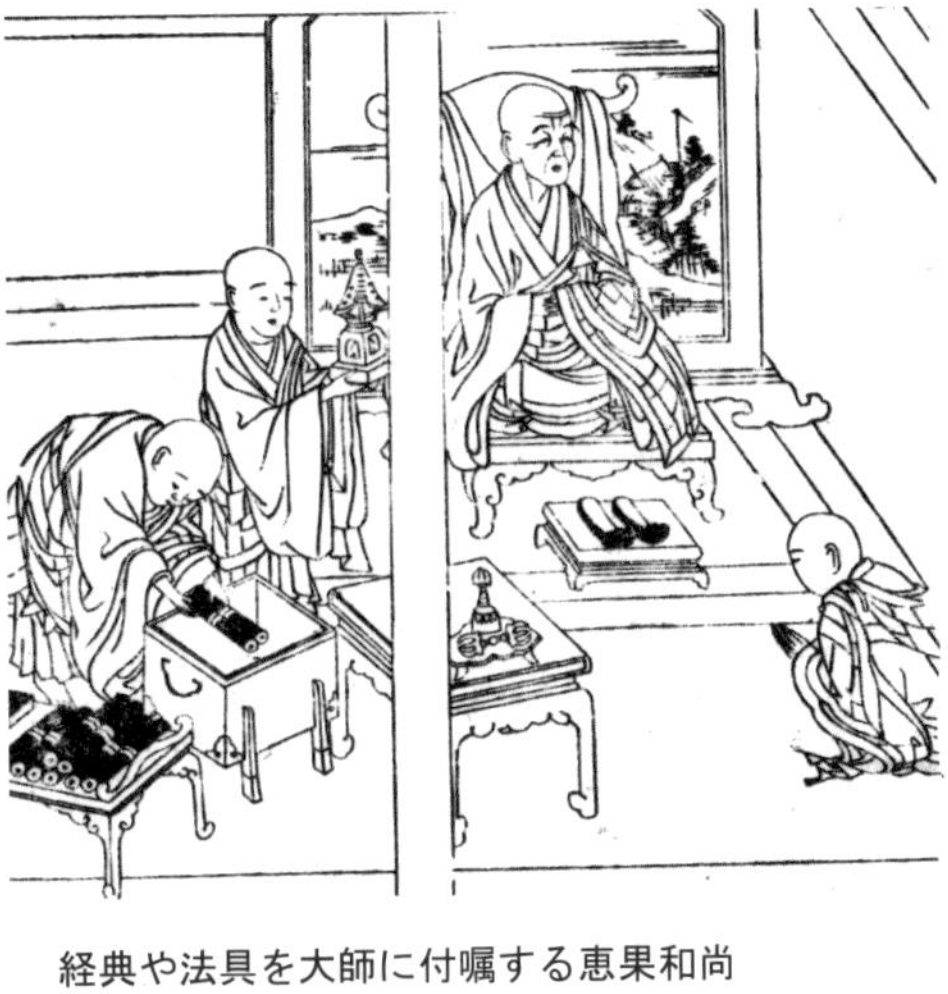

経典や法具を大師に付嘱する恵果和尚
（『弘法大師行状記』・大日寺蔵）
密教の奥義を大師に伝え終えた恵果和尚は、新たに書写させた密教経典や、新たに制作させた密教法具を大師に授け、早く日本に帰国して真言の教えを弘めるよう命じた。

胎蔵曼荼羅（大日寺蔵）

『大日経』に説かれる曼荼羅で、仏の目から見た世界の在りようが描かれる。人間を含む森羅万象は、慈悲に満ちた大日如来という大きな存在に包まれて一つにつながっている。「理」の曼荼羅。

金剛界曼荼羅（大日寺蔵）

『金剛頂経』を典拠とする曼荼羅で、九つの小さな曼荼羅の集合からなるので「九会《くえ》曼荼羅」ともいう。大日如来の完全無欠な智慧を細分し、それぞれの徳目を仏や菩薩の姿で象徴的に描く。「智」の曼荼羅。

恵果和尚は初対面の大師を見るや否や大変喜び、「私は以前からあなたが来ることを待っていた。今日ここで出会えたことは何とすばらしいことか。私は余命少ない。あなたは密教の法を伝承する後継者として、すぐに受法の準備をしなさい。」と告げたそうです。

かくして大師は、六月に大悲胎蔵生曼荼羅《だいひたいぞうしょう》、七月に金剛界曼荼羅《こんごうかい》、八月には伝法阿闍梨位《でんぽうあじゃりい》の灌頂《かんじょう》を受け、密教の法灯を継承したのです。六月と七月の灌頂に際し、大師が曼荼羅の上に投げた花はいずれも中央の大日如来の上に落ち、和尚は「不思議。不思議。」といって感嘆したそうです。

密教の奥義を余すところなく大師に伝授し、大師のために密教経典の写本や曼荼羅、法具の類などを用意した恵果和尚は、その年の十二月、役割を果たし終えたかのように静かに入滅しました。和尚の徳を讃える碑文の文章を、数多くの弟子を代表して大師が撰したといわれています。

◇高野山の開創と東寺の造営

「早く故郷の日本に帰って、人々の幸福のために密教の教えを弘めなさい。」という恵果和尚の遺命に従うべく、大師は二十年の留学期間をわずか二年に短縮し、大同元年（八〇六）、高階遠成《たかしなのとおなり》や橘逸勢《たちばなのはやなり》とともに帰国しました。

予定より早く帰朝した大師は、九州の大宰府にしばらく留め置かれましたが、すぐさま『御請来目録《ごしょうらいもくろく》』を著し、自身が恵果和尚に次ぐ密教の正当な継承者であることを宣言するとともに、唐から持ち帰った経典や仏画、法具などをリストアップしています。

都へ戻った大師にいち早く注目したのは、伝教大師・最澄でした。最澄はすでに有名な高僧でしたが、大師に密教の受法を望み、弘仁三年（八一二）、高雄山寺《たかおさんじ》（神護寺《じんごじ》）において大師から灌頂を受け、大師の弟子となったのです。

高野山の根本大塔

高野山のシンボルであり、正式には「毘盧遮那法界体性塔《びるしゃなほうかいたいしょうとう》」という。向かって左の建物は御念誦堂とも呼ばれる御影堂《みえどう》。御影堂の前には三鈷の松（106頁参照）が聳える。

高僧に灌頂を授けたことで一躍脚光を浴びた大師は、各地で弟子たちに密教経典を書写させて真言密教の布教に着手し、弘仁七年（八一六）には、密教の修行道場を開くために嵯峨天皇より高野山を賜り、壇場を結界し、伽藍の配置を決定しました。高野山は、大師が唐の国から投げた三《さん》鈷杵《こしょ》が飛来した吉祥な場所であったと伝えられます。

東寺

南大門と、日本一の高さ(55 m)を誇る五重塔。広大な境内には、薬師如来を祀る金堂、大師が立体曼荼羅として造像した仏像群を安置する講堂などが建ち並ぶ。

一方、都においては、真言宗の開宗が朝廷から認められ、大師は奈良の東大寺に灌頂を行うことのできる道場である真言院を建立し、弘仁十四年（八二三）に嵯峨天皇から給預された京都の東寺《とうじ》（教王護国寺《きょうおうごこくじ》）に、真言宗を専門に学ぶ僧侶五十人を常駐させました。

五十歳代の大師は、東寺の伽藍造営に取り組み、密教の教理に基づいた独特の仏像群を祀るための講堂を建立するなど、東寺を鎮護国家の道場として整備しました。また、日本ではじめての庶民のための学校である綜芸種智院《しゅげいしゅちいん》を創立し、教育の機会均等を図りました。

◇入定

この世での寿命が残りわずかであることを悟った大師は、承和元年（八三四）、弟子たちを集めて真言宗の僧団のしかるべき姿と修行の在り方を示し、未完成であった高野山の伽藍の造営を真然《しんぜん》大徳に託しました。

承和二年（八三五）の正月に後七日御修法《ごしちにちみしほ》を創始し、内裏に設けられた真言院で玉体の安穏と国家の安泰を祈願した大師は、その年の三月十五日に再び弟子たちを集め、「私は三月二十一日の寅の刻に入定《にゅうじょう》する。入定の後は弥勒菩薩がおいでになる兜率天《とそつてん》に行き、皆の修行の様子を見守って

奥の院へと移される大師
（『弘法大師行状記』・大日寺蔵）
承和２年（835)３月21日、大師は庵室にて深い座禅に入った（入定)。弟子は大師を輿に乗せ、高野山の東端にある奥の院の浄域へ移したと伝えられる。

高野山奥の院の「御廟の橋」
この橋を渡れば、大師が入定留身《るしん》する聖域中の聖域。朝と昼の２回、毎日欠かすことなく温かい食事が大師の御前へ届けられ、夏には団扇、冬には火鉢も供される。

いよう。釈尊の入滅から五十六億七千万年の後、弥勒菩薩がこの世に下生《げしょう》して説法なさる際には、私もともにこの世に現れるであろう。」と遺言しました。

そして遺言どおり、承和二年三月二十一日、六十二歳の大師は、静かに眼を閉じ、深い禅定に入ったのです。大師の身体は弟子たちによって運ばれ、高野山奥の院の石室の中に納められたと伝えられています。大師は亡くなったのではなく、長い座禅に入ったと考えられています。

弥勒菩薩像（岩本寺蔵）
釈尊の入滅から 56 億 7 千万年の後に降臨するとされる未来の仏。大師はこの弥勒菩薩と同体であるという信仰が生まれ、高野山は弥勒が住まう兜率浄土と考えられるようになった。

入定する大師（『高野大師行状図画』・地蔵院蔵）
岩屋の中で定印を結び、髪の毛を長く伸ばした大師が描かれる。大師に向かい合うのは観賢僧正で、手前に侍るのは、若き日の淳祐内供《しゅんにゅうないぐ》。

入定から八十六年の年月が流れたある日、時の醍醐天皇の夢に大師が出現し、「たかの山むすぶ庵《いほり》に袖《そで》くちて苔の下にぞ有明《ありあけ》の月」という歌を残したといわれています。醍醐天皇は延喜二十一年（九二一）、大師に「弘法大師」の諡号《しごう》を贈ることを勅許され、その報告のため、東寺長者の観賢《かんげん》僧正を高野山に派遣しました。

観賢僧正が奥の院の石室を開くと、大師は座禅を続けており、観賢僧正は長く伸びた大師の髪や髭《ひげ》を剃り、醍醐天皇から下賜された桧皮《ひわだ》色の新しい衣を着せ、再び石室の扉を閉じたと伝えられています。

天長九年（八三二）、高野山において最初に開かれた法会である万灯万華会《まんどうまんげえ》に際して「虚空尽き、衆生尽き、涅槃《ねはん》尽きなば、我が願いも尽きん。」（この世のすべての者が余さず安楽な悟りの世界に至るまでは、私の衆生済度の願いも尽きることはない。）という誓願を立てた大師は、今なお高野山の奥の院に身を留め、我々のことを見守り続けているのです。

◇弘法大師の著作

大師には、数多くの著作があります。擬撰とされるものも少なくありませんが、真撰とされる大師の著作の中から、代表的なものを紹介しておきましょう。

大師の処女作とされるのが、二十四歳の時に著したとされる『聾瞽指帰《ろうこしいき》』です。後に序文が付され、跋文が改められ、『三教指帰《さんごうしいき》』と題されました。戯曲仕立ての文章で儒教、道教、仏教を比較し、仏教が最も優れていることを示す比較思想論です。素行の悪い蛭牙公子《しつがこうし》を更生させるために儒者の亀毛先生《きもうせんせい》、道士の虚亡隠士《きょぶいんじ》がそれぞれ儒教、道教の教えを説きますが、それを聞いていたみすぼらしい姿をした仏教修行者の仮名乞児《かめいこつじ》が二教を批判して仏の教えを示し、最後には皆が仏教に帰依するという物語です。なお、仮名乞児のモデルは大師自身であり、『三教指帰』は大師の出自や若い時代の行動を知る上でも貴重な資料です。

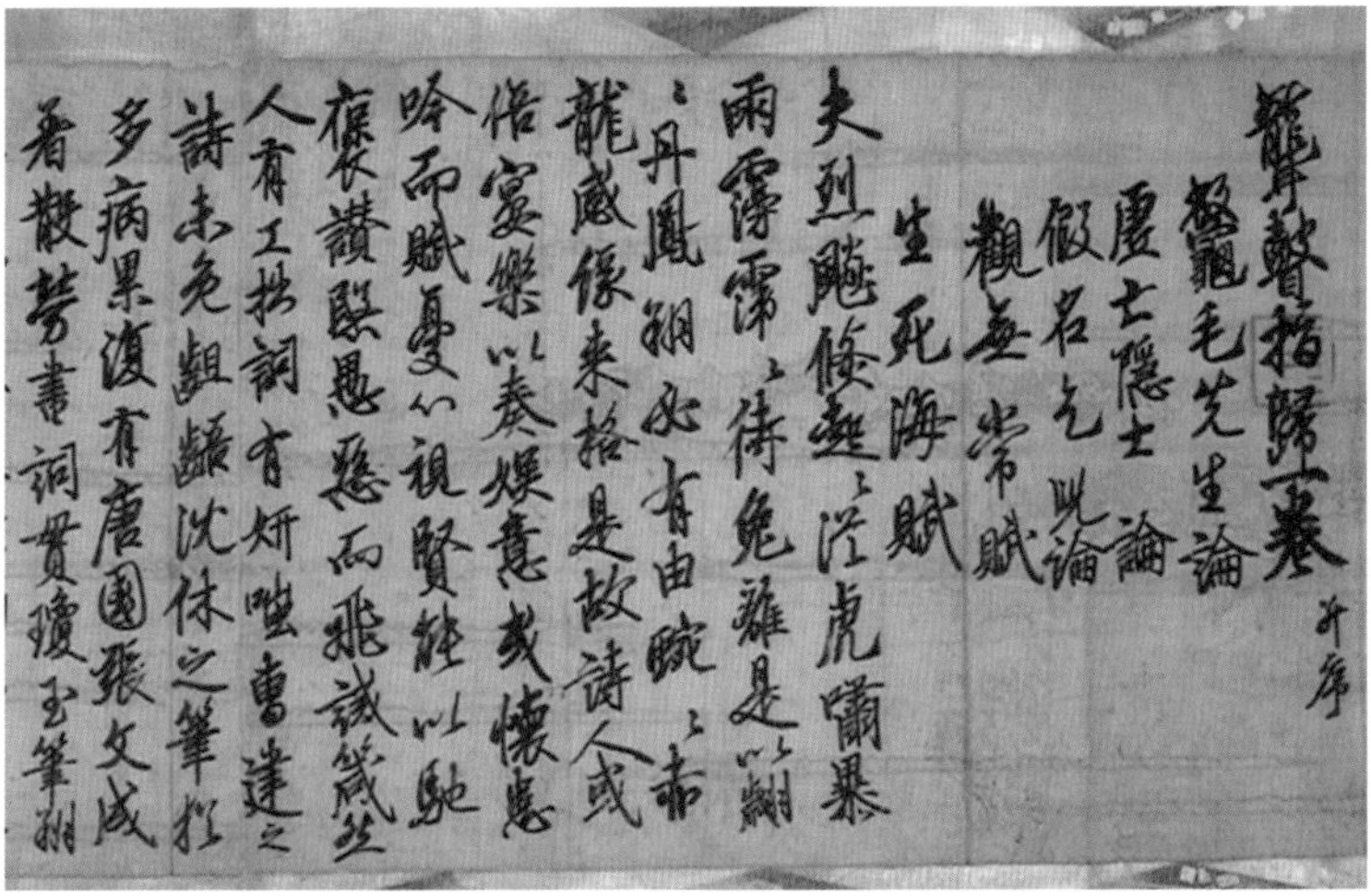

『聾瞽指帰』の冒頭（金剛峯寺蔵、国宝）

大師の自筆本で、夢窓国師《むそうこくし》が大覚寺《だいかくじ》の寛尊《かんそん》法親王から拝領し、西芳寺《さいほうじ》を経て仁和寺《にんなじ》に伝わり、その後、高野山の御影堂に納められた。書聖として三筆にも数えられた大師ならではの力強い書風。

『御請来目録《ごしょうらいもくろく》』は、大師が唐から持ち帰った経典や仏具、仏画などのリストですが、大師自身が恵果和尚に次ぐ正当な密教の相承者であることを朝廷に告げる宣言書でもあります。

『弁顕密二教論《べんけんみつにきょうろん》』は、密教と、奈良仏教の諸宗や天台宗などの一般的な仏教（顕教《けんぎょう》）の違いを明らかにし、密教こそが仏教の中で最上の教えであることを主張する教判書です。密教は法身《ほっしん》大日如来が相手を限定することなく説き続けている教えで、それを理解すれば速やかに成仏できると論じています。

大師が五十歳前後の時期に相次いで著したとされる『即《そく》身成仏義《しんじょうぶつぎ》』、『声字実相義《しょうじじっそうぎ》』、『吽字義《うんじぎ》』は「三部の書」と呼ばれ、いずれも講義録として執筆されたと考えられています。順に、仏の身密《しんみつ》（身体の働き）、口密《くみつ》（言語の働き）、意密《いみつ》（精神の働き）を解説した書物であるとも伝えられます。

『即身成仏義』は、密教経典に説かれる三密瑜伽《さんみつゆが》の実践法により、長い修行の時間（三劫《さんごう》）を経なくても、この身のままですぐさま成仏の境地を体験することができると説いています。

『声字実相義』は、宇宙の森羅万象は文字や音声として顕現しており、その響きはすべて法身大日如来の説法であると説きます。

『吽字義』は、梵字の吽（hūṃ）字の成り立ち（字相）と、吽字に込められたさまざまな意味（字義）を解説し、真言や種子《しゅじ》の一文字ずつには、無限の真理が含蔵されていると説いています。

吽の梵字

ha字、a字、ū字、ma字の4字からなり、擁護《ようご》、自在能破《じざいのうは》、能満願《のうまんがん》、大力《だいりき》、恐怖《くふ》、等観歓喜《とうかんかんぎ》などの意義があるとされる。

天長七年（八三〇）、淳和天皇が仏教の各宗に対し、それぞれの教えの要旨を論述して提出するよう勅を下しました。その勅に答えて大師が著したのが『秘密曼荼羅十住《ひみつまんだらじゅうじゅう》心論《しんろん》』です。人間の心が徐々に高いレベルへと発展してゆく様子を十段階に分けて分析し、同時に仏教の史的展開を示し、真言密教の修行によって得られる悟りの境地を最高位に置いてそのすばらしさを宣揚しています。また『秘蔵《ひぞう》宝鑰《ほうやく》』は、『秘密曼荼羅十住心論』の内容を簡略にして示した著作です。

『般若心経秘鍵《はんにゃしんぎょうひけん》』は、『般若心経』を密教の立場から解釈した解説書で、晩年の作と考えられています。大師は『般若心経』を、顕教と密教の教えをすべて含んだ、般若菩薩の悟りの境地を説き示した経典であると捉え、最後に説かれる真言が最も重要であると述べています。

多才な大師は、仏教書以外にも、言語や文学に関するいくつかの著作を残しています。

『梵字悉曇字母並釈義《ぼんじしったんじもならびにしゃくぎ》』は日本初の梵字の解説書で、サンスクリット語のアルファベット一字一字の文字の成り立ちと字義を解説しています。

『文鏡秘府論《ぶんきょうひふろん》』は、中国の六朝から唐までの時代の漢詩文を集めて編纂した拾遺集で、全六巻からなり、各巻の序文を大師が記しています。

『篆隷万象名義《てんれいばんしょうめいぎ》』は日本で作られた最古の字書で、篆書と隷書の漢字を部首別に分け、それぞれの音と意味を解説しています。

また、大師作の漢詩、碑銘、上表文、願文、書簡などを集めた選集に『遍照発揮性霊集《へんじょうほっきしょうりょうしゅう》』（略称『性霊集』）があります。弟子の真済《しんぜい》僧正が編纂したもので、本来は全十巻で構成されていましたが、第八巻から第十巻までが失われてしまったため、承暦三年（一〇七九）に仁和寺の済暹《さいせん》が『続遍照発揮性霊集補闕鈔《ぶけつしょう》』三巻を編纂して復元しました。

その他、大師が記した書簡七十二首を集めた『高野雑筆《こうやざっぴつ》集《しゅう》』がありますが、編集者は不明とされています。

弘法大師略年表

西暦（和暦）	事項
七七四（宝亀五）	讃岐国多度郡屏風ヶ浦に生まれる。父は佐伯直田公、母は阿刀氏の娘。幼名は真魚。
七八八（延暦七）	おじの阿刀大足について漢籍を学ぶ。
七九一（延暦十）	大学明経科に入学するが、後に一沙門より虚空蔵求聞持法を授かり、四国や吉野で修行。
七九七（延暦十六）	『聾瞽指帰』を著す。後に『三教指帰』と改題。
八〇四（延暦二十三）	遣唐使の一員として入唐。福州に漂着し、長安に入る。
八〇五（延暦二十四）	青龍寺の恵果和尚に師事し、胎蔵・金剛界の両部の灌頂を受ける。この年の末、恵果和尚が入滅。
八〇六（大同元）	恵果和尚の碑文を撰す。明州を出て帰朝。筑紫大宰府に留まり『御請来目録』を奏進。
八〇九（大同四）	京都高雄山寺に入る。
八一〇（弘仁元）	高雄山寺にて鎮護国家の修法を行う。
八一一（弘仁二）	山城国乙訓寺の別当に補せられる。
八一二（弘仁三）	高雄山寺において最澄らに灌頂を授ける。
八一五（弘仁六）	一説に、四国八十八ヶ所霊場を開創。
八一六（弘仁七）	嵯峨天皇より高野山を賜る。
八二〇（弘仁十一）	『文鏡秘府論』、『文筆眼心抄』を撰す。
八二一（弘仁十二）	讃岐国満濃池の修築別当に補せられる。
八二二（弘仁十三）	東大寺に真言院を建立。
八二三（弘仁十四）	東寺を預けられる。
八二四（天長元）	神泉苑にて雨乞いの修法を行う。
八二七（天長四）	大僧都に任ぜられる。
八二八（天長五）	綜芸種智院を創設。
八二九（天長六）	一説に、大安寺別当に補せられる。
八三〇（天長七）	『秘密曼荼羅十住心論』、『秘蔵宝鑰』を著す。
八三二（天長九）	高野山で万灯万華会を催す。
八三四（承和元）	後七日御修法の創始を上奏。
八三五（承和二）	高野山にて入定。
九二一（延喜二十一）	弘法大師の諡号を追贈される。

四国と弘法大師

◇大師の誕生所

和歌山の高野山、京都の東寺と並んで、四国八十八ヶ所の寺院とそれらをつなぐ巡礼路は、弘法大師の三大霊場に数えられます。

高野山は、大師が修禅《しゅぜん》の道場として開創した浄域であり、大師入定留身《にゅうじょうるしん》の聖地でもあります。東寺は、真言密教の教えを弘めるための布教の拠点であり、また鎮護国家を祈るための道場でもありました。そして四国の巡礼路は、若き日の大師が修行を積んだ遺跡《ゆいせき》を巡る道であり、遺跡の一つには大師の誕生所が含まれています。

大師の誕生所は、四国八十八ヶ所霊場のうちの第七十五番霊場である総本山善通寺の境内にあります。広大な善通寺の境内は、東院と西院に分かれていますが、御影堂《みえどう》の建つ西院のあたりが大師の父・佐伯善通の屋敷跡とされ、大師の誕生所とされています。

『三教指帰』には、大師が生まれ育った場所について、「玉藻《たまも》帰《よ》る所の島、櫲樟《よしょう》日を蔽《かく》すの浦」（讃岐の国の島で、楠の木の生い茂った葉が太陽を覆ってしまう海辺）と記されています。

現在、善通寺は海から遠く離れた場所に伽藍を構えてい

善通寺境内の楠の巨木と佐伯祖廟

祖廟の建物の中には、大師の父君と母君の像が安置されている。佐伯氏の先祖は、倭建命《やまとたけるのみこと》に随って東国を平定した大伴健日連《おおとものたけひのむらじ》に遡るとの伝承もある。

ますが、大師の時代にはその近くまで海岸線が迫っていたといわれ、今でも善通寺の寺域は「屏風ケ浦《びょうぶがうら》」と呼ばれています。

薬師如来を祀る金堂（本堂）や五重塔が建ち並ぶ善通寺の東院境内には、実際に樹齢千数百年とされる楠の巨木（香川県の天然記念物）が濃い緑の葉を鬱蒼と茂らせてお

霊夢による受胎
（『弘法大師行状記』・大日寺蔵）

大師の母・玉依御前は、インドの高僧が体内に入る夢を見て、大師を懐妊したと伝えられる。

り、その木陰には、佐伯氏の先祖を祀る佐伯祖廟《そびょう》と、氏神である五社神社の社殿がひっそりと建っています。

近年、大師の誕生所を、大師の母方の阿刀一族が居住した畿内に設定する学説も提出されていますが、善通寺を参拝すると、確かに大師の息吹を感じ、だれもがそのありがたさに感慨を覚えるものです。

大師の産湯井戸
御影堂奥殿の傍に位置し、覆い屋を建てて大切に守られている。

善通寺の御影堂
四国における大師信仰の中心。遍路修行者をはじめ多くの参拝者で賑わい、香煙の絶えることがない。大師の父・佐伯善通の屋敷跡とされる場所に建つ。

◇幼少の頃の大師の霊跡

幼少の大師は他の子供たちとは異なり、夜には八葉蓮華の台《うてな》に坐って仏たちと語らう夢を見、昼には泥で仏像を作っては草葺きの堂に安置し、それを礼拝して遊んだと伝えられています。

ある日、大師が遊びに興じていると、傍を通りかかった問民苦使《もんみんくし》（朝廷が派遣した巡察使）が突如として馬から降り、大師を礼拝しました。不思議に思った従者たちが理由を尋ねたところ、問民苦使には天蓋《てんがい》を掲げて幼い大師を守護する四天王の姿が見えていたそうです。「四王執蓋《しゅがい》」あるいは「四王侍衛《じえい》」といわれるエピソードです。

善通寺の近くには、大師が遊んだ跡とされる仙遊ケ原《せんゆうがはら》の霊跡があり、延命地蔵菩薩を祀る堂宇が建立されています。また、善通寺の北西、海に近い白方《しらかた》地区にある仏母院《ぶつもいん》という寺には、大師が幼少の時に作ったとされる泥製の仏像が伝えられています。仏母院には、大師の臍《へそ》の緒《お》を納めたとされる「胞衣塚《えなづか》」が残されており、その境内は、大師の母の実家があった場所であると伝えられています。

七歳になった大師は、善通寺の西に連なる五岳の一つである我拝師山《がはいしさん》に登り、自身の一生を仏道修行のために捧げるという決意を示すため、また、自身が仏法を学び、それ

仏母院の胞衣塚

仏母院は、白方の海岸近くに位置する小さな寺。大師の母・玉依御前の実家「御住屋敷《みすみやしき》」があったとされる場所に位置する。

によって衆生を救済することが可能であるかどうかを試すため、険しい断崖から谷底へと身を投じました。すると、天人が現れて大師の身を受け止め、釈迦如来が影向《ようごう》したといわれています。

大師が捨身誓願した場所は「捨身ヶ嶽《しゃしんがたけ》」と呼ばれ、第七十三番霊場・出釈迦寺の奥の院として、遍路修行者や大師信者からの篤い信仰を集めています。捨身ヶ嶽へは、出釈迦寺の本堂からおよそ一・五キロメートル、標高差二五〇メートルの険しい坂道が続きます。

平安時代には西行《さいぎょう》法師もこの霊跡を訪れ、「巡り逢《あ》はんことの契《ちぎ》りぞありがたき（／たのもしき）厳しき山の誓ひ見るにも」の歌を残しています。

泥で仏像を作る幼少の大師
（『弘法大師行状記』・大日寺蔵）
大師が作った泥の仏像からは光明が放たれ、それを見た大人が不思議がって感心している様子が描かれている。

仙遊寺
大師が幼少の頃に遊んだとされる仙遊ヶ原に建つ仙遊寺。本堂には延命地蔵菩薩と稚児大師の像が祀られ、子供の夜泣き封じにご利益があるとして信仰を集める。

捨身ヶ嶽（出釈迦寺奥の院）の御影
出釈迦寺で授与される捨身ヶ嶽の御影。深い谷へ身を投じた小さな大師を受け止めようとする天人と、影向した釈迦如来の姿が描かれる。

◇若き日の修行の跡

若き日の大師の行動は謎に包まれていますが、『三教指帰』には、「阿国大瀧獄《たいりょうのたけ》に躋《のぼ》り攀《よ》じ、土州室戸崎《むろとのさき》に勤念《ごんねん》す。谷響きを惜しまず、明星来影《みょうじょうらいえい》す。」、「或る時は石峯《いしのみね》に跨《また》がりて粮《かて》を断ち轗軻《かんか》たり。」と記されており、大師が四国の各地で厳しい修行を重ねたことに間違いはありません。

「阿国大瀧嶽」は阿波の第二十一番霊場・太龍寺に相当し、「土州室戸崎」は土佐の室戸岬を指します。また「石峯」は、伊予の石鎚山《いちづちさん》であると考えられています。

特に有名なのは、室戸岬の第二十四番霊場・最御崎寺の麓にある御厨人窟《みくろど》と呼ばれる入口が海に面した洞窟で、大師はここで虚空蔵求聞持法を修め、光り輝く明星（金星）が口の中に飛び込むという、不思議な体験をしました。また大師は、そこから見える広大な太平洋の水平線を見て「空海」という自身の名前を定めたともいわれています。

御厨人窟
大師が修行し、悉地《しっち》を得たとされる聖なる洞窟。内部には広い空間があり、愛満《あいまん》・宝満《ほうまん》権現《ごんげん》をはじめとする五社明神が祀られている。近くまで太平洋の荒波が迫る。

この霊跡を訪れた遍路修行者たちは皆、大師の苦労を偲び、また窟内に満ちる大師の威徳に包まれて、感激の涙を流します。

室戸岬周辺は古来、多くの修行者たちが集まる辺地《へち》修行の行場でしたが、夜な夜な天狗が現れて修行を邪魔したといわれています。第二十六番霊場・金剛頂寺には、大師が天狗たちを集めて問答し、論破したという逸話が残されています。また、天狗たちを足摺岬に追い遣ったともいわれます。

大師は調伏した天狗を二度と寄せ付けぬため、大きな楠の木の幹に自身の姿を彫刻して残したとも伝えられています。

大師修行の当時は、障碍者《しょうげしゃ》と呼ばれる魔物が、暴風雨を起こしたり行者の心を惑わせたりして、修行を妨げると考えられていました。ここにいう天狗もそうした魔物の類であったものと思われ、当地における修行がいかに厳しく困難であったかを物語るものです。

天狗と問答する大師（『弘法大師行状記』・大日寺蔵）
かつては金剛定《じょう》寺と呼ばれた金剛頂寺でのできごと。大師は調伏した天狗たちを足摺岬に追い遣ったともいわれ、金剛頂寺の大師堂は足摺岬のほうを向いている。

◇満濃池

大師が行った代表的な社会事業の一つとして、満濃池《まんのういけ》の修築が挙げられます。

大河の流れていない讃岐平野では、作物を育てるために溜め池が重要な役目を果たしました。善通寺や金刀比羅《ことひら》宮《ぐう》からも近い満濃池は、大宝年間に讃岐の国守であった道守朝臣《みちもりあそん》によって金倉川《かなくらがわ》を堰き止めて創築されましたが、弘仁九年（八一八）に堤防が決壊し、修復がままならぬ状態にありました。そこで、当時の国守であった清原夏野《きよはらのなつの》の発議を受けた嵯峨天皇は勅命を下し、弘仁十二年（八二一）、大師を築池別当（修築の責任者）に任命したのです。

修築には大師の徳を慕って多くの人手が集まり、工事はわずか三ヶ月で完了したといわれています。

大師は、アーチ状の堤防を構築し、余水吐《よすいばき》を施設するな

満濃池
一万町歩の田畑を潤すことができるので「満濃（＝万農）池」と呼ばれる。松の木が生えた小さな島が、大師が修築工事の安全を祈って護摩を修したとされる護摩岩の跡。

ど、留学中に学んだと思われる土木技術を駆使し、満濃池の堤防をより強固なものにしました。当時の池の大きさは、周囲二里二十五町（八・二五キロメートル）、面積八十一町歩（八一ヘクタール）であったとされています。

幅七メートルの余水吐は昭和五年まで実際に使用されていたそうで、その遺構が堤防の端に見られ、岩の表面に削った跡があることから「大師のお手斧岩《ちょうないわ》」と呼ばれています。また、大師が工事の無事を祈って護摩《ごま》を修した場所とされる「護摩岩」が、今では小さな島となって残っています。

池の北西畔に建つ神野寺《かんのじ》は、池の修築の功に対して朝廷から与えられた勅賜金によって大師が開創したと伝えられる寺院で、薬師如来を本尊として祀っています。

満濃池は、現在もなお「讃岐の水瓶《みずがめ》」としての機能を果たし続けており、毎年六月十五日（大師の誕生日）には、農作業に備えて取水口を開く「ゆる抜き」の行事が行われ、夏の風物詩となっています。

◇四国八十八ヶ所霊場

四国遍路は、大師が修行した霊跡を辿る巡礼の一種です。大師が活躍した時代、人里離れた四国の僻地には多くの修行者が集まり、悟りや超能力を求めて修行に明け暮れていましたが、若き日の大師も、そのような行者の集団に交じって厳しい修行を重ねました。僻地での修行は「辺地《へち》修行」と呼ばれていましたが、やがて「辺路修行」に、そして「遍路修行」に変化したといわれています。

唐から帰朝した大師は、高野山を開創する前年の弘仁六年（八一五）、再び四国を巡錫し、八十八ヶ所の霊場寺院を定めました。それら八十八の霊場を巡るのが、四国遍路です。その距離はおよそ一四〇〇キロメートル。四国遍路は当初、出家の僧侶のみが行う修行でしたが、江戸時代には遍路道や宿泊施設、ガイドブックなどが次第に整備され、庶民の間に広まりました。

なお、愛媛恵原《えばら》の衛門三郎《えもんさぶろう》が托鉢に来た大師の鉄鉢《てっぱつ》を叩き割るという非礼を働き、その罪を悔いて謝罪のために大師を追い、四国を二十一度回ったのが遍路の始まりであるとの伝説もあります。

霊場の数の八十八についてはさまざまな解釈がありますが、『具舎論《くしゃろん》』に説かれる煩悩の数であるという考えが定説になっています。八十八の霊場を一ヶ所一ヶ所巡るうちに煩悩が一つ一つ消滅し、巡り終えて結願《けちがん》を迎えた時には、悟りの世界に辿り着けるといわれています。

また、阿波、土佐、伊予、讃岐の四つの国をそれぞれ、密教の経典『大日経《だいにちきょう》』に説かれる悟りへ至るための四つの段階である①発心《ほっしん》、②修行《しゅぎょう》、③菩提《ぼだい》、④涅槃《ねはん》に当てはめる考えもあります。「発心」とは、悟りを求める心を起こすこと、「修行」とは、文字通り悟りに向って修行すること、「菩提」とは、自己への執着を離れ、他を思いやる悟りの心を持つこと、「涅槃」とは、苦しみのない穏やかな悟りの世界に入ることを意味します。

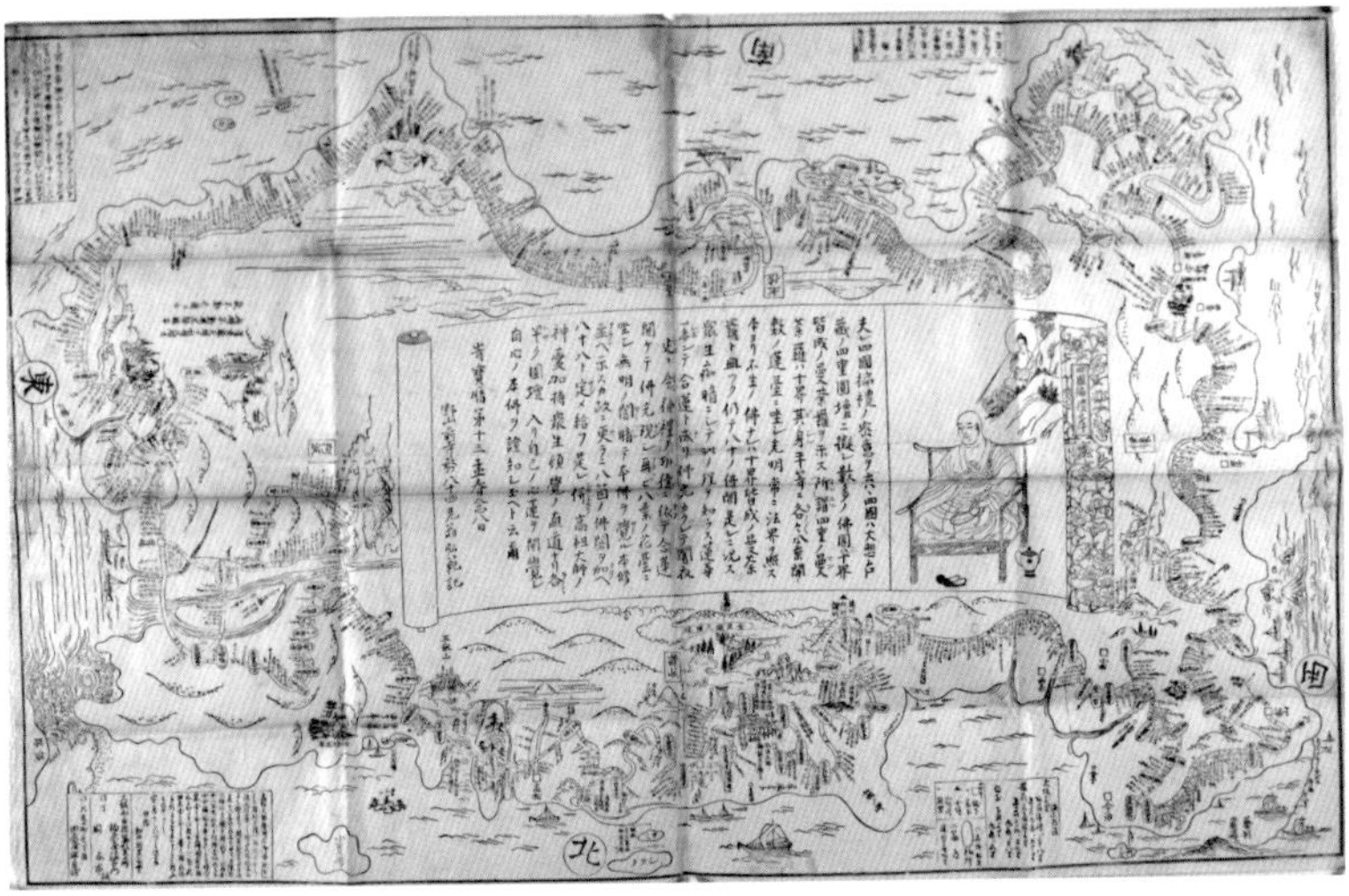

四国偏礼絵図（愛媛県歴史文化博物館蔵）
細田周英《ほそだしゅうえい》によって宝暦 13 年(1763)に刊行された最古の遍路絵図。中央には、善通寺様式の大師の御影と、高野山の僧・弘範《こうはん》が記した「四国偏礼《へんろ》之序」が配されている。

◇番外霊場

四国の津々浦々には、四国八十八ヶ所の霊場寺院以外にもたくさんの大師の霊跡とされる場所が点在しており、枚挙にいとまがありません。それらの霊跡は、「番外霊場《ばんがい》」あるいは「番外札所《ふだしょ》」と呼ばれ、八十八ヶ所の霊場とともに多くのお遍路さんが参拝に訪れます。先に紹介した土佐の御厨人窟《みくろど》や讃岐の満濃池《まんのういけ》はその代表です。

また、霊場寺院の多くには「奥の院」があり、それら奥の院もまた番外霊場に数えられます。奥の院には、大師御作の仏像が祀られていたり、弘法清水《こうぼうしみず》と呼ばれる大師の加持水が湧いていたりします。

番外霊場は、八十八ヶ所の霊場寺院をしのぐ名刹から路傍の小さな祠堂まで、バラエティーに富んでいますが、昭和四十三年（一九六八）には、番外霊場のうちの二十の寺院が集まって「四国別格二十霊場」が創設されています。

別格二十霊場

第一番　大山寺《たいさんじ》（徳島県板野郡）
第二番　童学寺《どうがくじ》（徳島県名西郡）
第三番　慈眼寺《じげんじ》（徳島県勝浦郡）
第四番　鯖大師本坊《さばだいしほんぼう》・八坂寺《やさかでら》（徳島県海部郡）
第五番　大善寺《だいぜんじ》（高知県須崎市）
第六番　龍光院《りゅうこういん》（愛媛県宇和島市）
第七番　出石寺《しゅっせきじ》（愛媛県大洲市）
第八番　十夜ケ橋《とよがはし》・永徳寺《えいとくじ》（愛媛県大洲市）
第九番　文殊院《もんじゅいん》（愛媛県松山市）
第十番　西山興隆寺《にしやまこうりゅうじ》（愛媛県西条市）
第十一番　生木地蔵《いききじぞう》・正善寺《しょうぜんじ》（愛媛県西条市）
第十二番　延命寺《えんめいじ》（愛媛県四国中央市）
第十三番　仙龍寺《せんりゅうじ》（愛媛県四国中央市）
第十四番　椿堂《つばきどう》・常福寺《じょうふくじ》（愛媛県四国中央市）
第十五番　箸蔵寺《はしくらじ》（徳島県三好市）
第十六番　萩原寺《はぎわらじ》（香川県観音寺市）
第十七番　神野寺《かんのじ》（香川県仲多度郡）
第十八番　海岸寺《かいがんじ》（香川県仲多度郡）
第十九番　香西寺《こうざいじ》（香川県高松市）
第二十番　大瀧寺《おおたきじ》（徳島県美馬市）

第二番の童学寺は、幼少の大師が学問を修めたとされる霊場で、大師はここで「いろは歌」を作ったという伝承があります。第三番の慈眼寺は、大師が開いたとされる洞窟の中で行う「穴禅定《あなぜんじょう》」の行場として有名です。第九番の文殊院は、四国遍路の元祖ともいわれる衛門三郎の屋敷跡とされる場所に建つ寺院です。生木地蔵として知られる第十一番の正善寺は、大師が楠の立木《たちき》に地蔵菩薩の像を彫ったとされる霊跡で、深山幽谷の地に建つ第十三番の仙龍寺は、大師が四十二歳の時に自身で彫ったとされる大師像を安置する厄除けの霊場です。第十四番の椿堂・常福寺には、大師が地面に突き立てた杖から芽吹いて育ったとされる椿の霊木があります。

南舎心の求聞持大師像

第二十一番霊場・太龍寺の境内にある南舎心《みなみしゃしん》は、大師が虚空蔵求聞持法を修した霊跡。断崖に突き出た岩の上にブロンズの大師像が安置されている。

獅子の岩屋

第七十一番霊場・弥谷寺の奥の院とされる獅子の岩屋。幼少の大師はこの岩窟に籠り、勉学に励んだとされる。大きく開かれた獅子の口に形が似るのでそのように名付けられた。

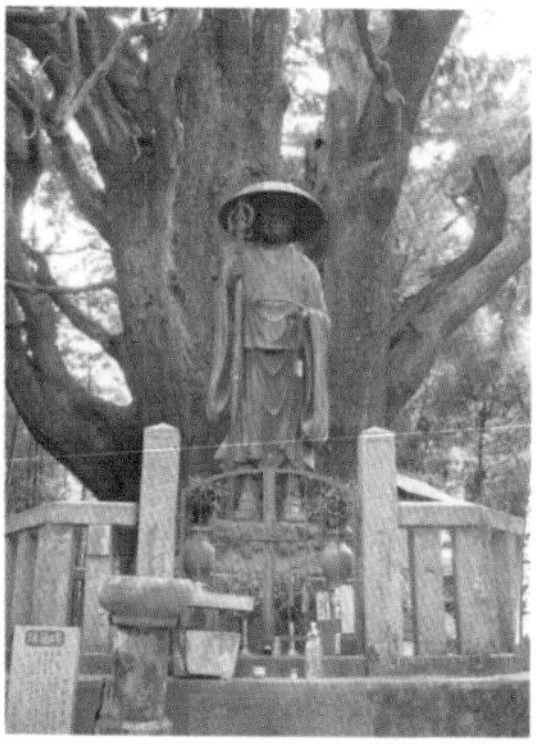

浄蓮庵の修行大師像

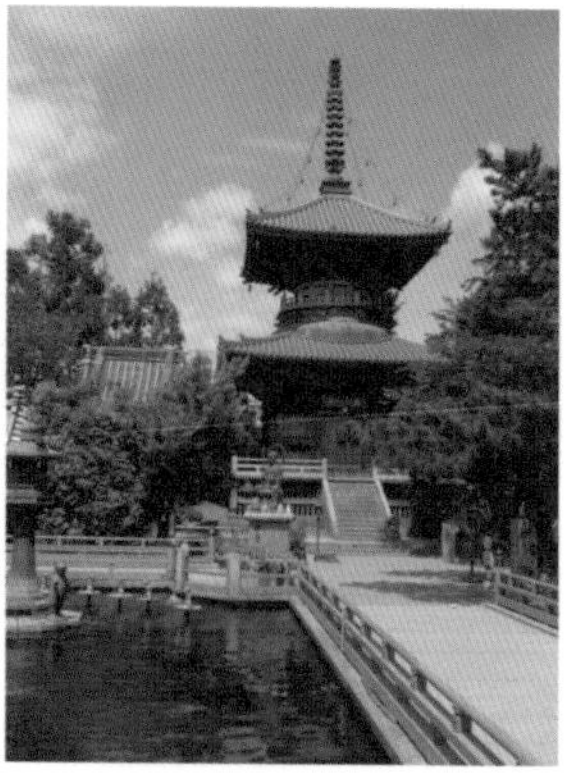

第一番霊場・霊山寺（多宝塔）

四国八十八ヶ所霊場地図

第八十八番霊場・大窪寺（本堂）

四国八十八ヶ所霊場

阿波(徳島県)・発心の道場

①第一番 霊山寺《りょうぜんじ》(鳴門市大麻町)
②第二番 極楽寺《ごくらくじ》(鳴門市大麻町)
③第三番 金泉寺《こんせんじ》(板野郡板野町)
④第四番 大日寺《だいにちじ》(板野郡板野町)
⑤第五番 地蔵寺《じぞうじ》(板野郡板野町)
⑥第六番 安楽寺《あんらくじ》(板野郡上板町)
⑦第七番 十楽寺《じゅうらくじ》(阿波市土成町)
⑧第八番 熊谷寺《くまだにじ》(阿波市土成町)
⑨第九番 法輪寺《ほうりんじ》(阿波市土成町)
⑩第十番 切幡寺《きりはたじ》(阿波市市場町)
⑪第十一番 藤井寺《ふじいでら》(吉野川市鴨島町)
⑫第十二番 焼山寺《しょうさんじ》(名西郡神山町)
⑬第十三番 大日寺《だいにちじ》(徳島市一宮町)
⑭第十四番 常楽寺《じょうらくじ》(徳島市国府町)
⑮第十五番 国分寺《こくぶんじ》(徳島市国府町)
⑯第十六番 観音寺《かんおんじ》(徳島市国府町)
⑰第十七番 井戸寺《いどじ》(徳島市国府町)
⑱第十八番 恩山寺《おんざんじ》(小松島市田野町)
⑲第十九番 立江寺《たつえじ》(小松島市立江町)
⑳第二十番 鶴林寺《かくりんじ》(勝浦郡勝浦町)
㉑第二十一番 太龍寺《たいりゅうじ》(阿南市加茂町)
㉒第二十二番 平等寺《びょうどうじ》(阿南市新野町)
㉓第二十三番 薬王寺《やくおうじ》(海部郡美波町)

土佐(高知県)・修行の道場

㉔第二十四番 最御崎寺《ほつみさきじ》(室戸市室戸岬町)
㉕第二十五番 津照寺《しんしょうじ》(室戸市室津)
㉖第二十六番 金剛頂寺《こんごうちょうじ》(室戸市元)
㉗第二十七番 神峯寺《こうのみねじ》(安芸郡安田町)
㉘第二十八番 大日寺《だいにちじ》(香南市野市町)
㉙第二十九番 国分寺《こくぶんじ》(南国市国分)
㉚第三十番 善楽寺《ぜんらくじ》(高知市一宮)
㉛第三十一番 竹林寺《ちくりんじ》(高知市五台山)
㉜第三十二番 禅師峰寺《ぜんじぶじ》(南国市十市)
㉝第三十三番 雪蹊寺《せっけいじ》(高知市長浜)
㉞第三十四番 種間寺《たねまじ》(高知市春野町)
㉟第三十五番 清瀧寺《きよたきじ》(土佐市高岡町)
㊱第三十六番 青龍寺《しょうりゅうじ》(土佐市宇佐町)
㊲第三十七番 岩本寺《いわもとじ》(高岡郡四万十町)
㊳第三十八番 金剛福寺《こんごうふくじ》(土佐清水市足摺岬)
㊴第三十九番 延光寺《えんこうじ》(宿毛市平田町)

伊予(愛媛県)・菩提の道場

㊵第四十番 観自在寺《かんじざいじ》(南宇和郡愛南町)
㊶第四十一番 龍光寺《りゅうこうじ》(宇和島市三間町)
㊷第四十二番 仏木寺《ぶつもくじ》(宇和島市三間町)
㊸第四十三番 明石寺《めいせきじ》(西予市宇和町)

㊹ 第四十四番 大宝寺《だいほうじ》（上浮穴郡久万高原町）
㊺ 第四十五番 岩屋寺《いわやじ》（上浮穴郡久万高原町）
㊻ 第四十六番 浄瑠璃寺《じょうるりじ》（松山市浄瑠璃町）
㊼ 第四十七番 八坂寺《やさかじ》（松山市浄瑠璃町）
㊽ 第四十八番 西林寺《さいりんじ》（松山市高井町）
㊾ 第四十九番 浄土寺《じょうどじ》（松山市鷹子町）
㊿ 第五十番 繁多寺《はんたじ》（松山市畑寺町）
51 第五十一番 石手寺《いしてじ》（松山市石手）
52 第五十二番 太山寺《たいさんじ》（松山市太山寺町）
53 第五十三番 円明寺《えんみょうじ》（松山市和気町）
54 第五十四番 延命寺《えんめいじ》（今治市阿方）
55 第五十五番 南光坊《なんこうぼう》（今治市別宮町）
56 第五十六番 泰山寺《たいさんじ》（今治市小泉）
57 第五十七番 栄福寺《えいふくじ》（今治市玉川町）
58 第五十八番 仙遊寺《せんゆうじ》（今治市玉川町）
59 第五十九番 国分寺《こくぶんじ》（今治市国分）
60 第六十番 横峰寺《よこみねじ》（西条市小松町）
61 第六十一番 香園寺《こうおんじ》（西条市小松町）
62 第六十二番 宝寿寺《ほうじゅじ》（西条市小松町）
63 第六十三番 吉祥寺《きちじょうじ》（西条市氷見）
64 第六十四番 前神寺《まえがみじ》（西条市洲之内）
65 第六十五番 三角寺《さんかくじ》（四国中央市金田町）

讃岐（香川県）・涅槃の道場

66 第六十六番 雲辺寺《うんぺんじ》（徳島県三好市池田町）
67 第六十七番 大興寺《だいこうじ》（三豊市山本町）
68 第六十八番 神恵院《じんねいん》（観音寺市八幡町）
69 第六十九番 観音寺《かんのんじ》（観音寺市八幡町）
70 第七十番 本山寺《もとやまじ》（三豊市豊中町）
71 第七十一番 弥谷寺《いやだにじ》（三豊市三野町）
72 第七十二番 曼荼羅寺《まんだらじ》（善通寺市吉原町）
73 第七十三番 出釈迦寺《しゅっしゃかじ》（善通寺市吉原町）
74 第七十四番 甲山寺《こうやまじ》（善通寺市弘田町）
75 第七十五番 善通寺《ぜんつうじ》（善通寺市善通寺町）
76 第七十六番 金倉寺《こんぞうじ》（善通寺市金蔵寺町）
77 第七十七番 道隆寺《どうりゅうじ》（仲多度郡多度津町）
78 第七十八番 郷照寺《ごうしょうじ》（綾歌郡宇多津町）
79 第七十九番 天皇寺《てんのうじ》（坂出市西庄町）
80 第八十番 国分寺《こくぶんじ》（高松市国分寺町）
81 第八十一番 白峯寺《しろみねじ》（坂出市青海町）
82 第八十二番 根香寺《ねごろじ》（高松市中山町）
83 第八十三番 一宮寺《いちのみやじ》（高松市一宮町）
84 第八十四番 屋島寺《やしまじ》（高松市屋島）
85 第八十五番 八栗寺《やくりじ》（高松市牟礼町）
86 第八十六番 志度寺《しどじ》（さぬき市志度）
87 第八十七番 長尾寺《ながおじ》（さぬき市長尾）
88 第八十八番 大窪寺《おおくぼじ》（さぬき市多和）

コラム・大師と遍路衣装

白装束のこと

四国八十八ケ所を巡礼する修行者を、親しみを込めて「お遍路さん」と呼びます。お遍路さんの衣装といえば白装束《しろしょうぞく》に手甲《てっこう》、脚絆《きゃはん》を思い浮かべますが、このような恰好が一般化したのは、昭和になってからといわれています。

昔の遍路修行者は笈《おい》を背負ったため、衣服が擦り切れるのを防ぐため、袖のない笈摺《おいずる》を着用しました。現在では袖のある白衣《はくえ》を着用しますが、白衣の背中には、「南無大師遍照金剛」の大師の御宝号を墨で大きく書き記す習いがあります。

白衣の上には輪袈裟《わげさ》を掛け、「さんや袋」とも呼ばれる頭《ず》陀袋《だぶくろ》を携帯します。「頭陀」の語には、托鉢《たくはつ》の意味があります。獣や魔物を追い払う持鈴《じれい》を腰に付けることもあります。

菅笠

お遍路さんがかぶる菅笠《すげがさ》には、弘法大師を表す梵字の𑖧𑖲《ユ》の文字とともに、「迷故三界城、悟故十方空、本来無東西、何処有南北（迷うが故に三界の城あり、悟るが故に十方は空なり、本来東西なく、いずくにか南北有らん）」の偈文が墨書されます。この偈文は本来、棺桶の上に掲げる天蓋《てんがい》に書き付ける文句で、遍路の途中で行き倒れて亡くなってしまった場合、この笠が棺桶の代わりとなるともいわれます。

なお、𑖧𑖲の梵字は本来、弥勒菩薩の種子《しゅじ》（シンボルとなる一文字の梵字）です。大師を表すのに弥勒菩薩の種子を用いるのは、大師が弥勒菩薩の浄土である兜率天《とそつてん》におられるという信仰に基づくもので、後世、大師と弥勒菩薩は同体であると考えられるようになりました。

金剛杖

遍路修行において、金剛杖《こんごうづえ》は弘法大師の分身であると考えられています。よって、宿に着いたらまず杖のよごれを洗い、宿泊中は床の間などに安置して大切に扱います。

お遍路さんには大師が付き添って守護してくださるとの信

仰があり、そのことは「同行二人《どうぎょうににん》」といわれます。そのため金剛杖などの遍路道具には、「同行二人」の文字が書き込まれています。

また、金剛杖の上部の先端は五輪塔の形になっており、行き倒れた時にはそのまま墓標となりました。

橋の上では杖を突かないという習慣もあります。これは、大師が橋の下でお休みになっているかもしれず、それを邪魔しないためであるといわれています。大師がその下で野宿した十夜ケ橋《とよがはし》は、有名な番外霊場です。

菅笠

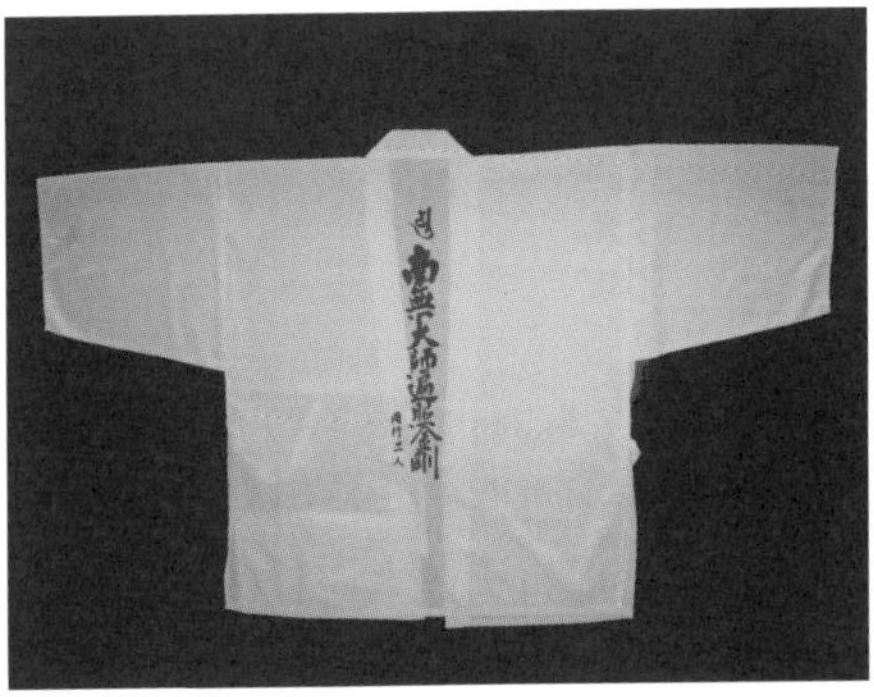

白衣

金剛杖（上端部）

弘法大師の姿

◇一般的な姿

弘法大師の最も一般的な姿は、右手に五鈷《ごこ》の金剛杵《こんごうしょ》、左手に念珠を持ち、椅子《いし》に坐した真如《しんにょ》様式と呼ばれるスタイルです。椅子の下には、木履《ぼっくり》（木靴）と水瓶《すいびょう》が置かれます。霊場寺院の大師堂に安置されている大師の像も、道端に祀られた石仏の大師も、この真如様式に則った姿が多いのです。

このような大師の姿は、高野山の御影堂《みえどう》に祀られる大師の「お御影《みえ》」を手本としたものです。御影堂のお御影は、大師の十大弟子の一人である真如《しんにょ》法親王が描き、大師みずからが眼を入れたと伝えられるありがたい画像です。

大師が右手に持つ金剛杵は、もともとインドの武神インドラ（帝釈天《たいしゃくてん》）が携える武器で、両端が鋭く尖り、雷電を発するともいわれています。密教において金剛杵は、災難をもたらす魔物や人間の心の中の煩悩を打ち破るために用いる仏具となり、先端の突起の数によって独鈷杵《とっこしょ》、三鈷杵、五鈷杵などの違いが設けられました。大師が持つのは五鈷杵で、五つの突起は、曼荼羅《まんだら》の中央に描かれる五尊の仏の五種の智慧（五智）を表すと考えられています。

真言密教において最も重要視される経典の一つ

『金剛頂経《こんごうちょうきょう》』には、密教の修行者が心の中に五鈷の金剛杵を思い浮かべ、その金剛杵を媒介として宇宙に遍満する大日如来が行者の身体に入り込み、大日如来と行者が一体となる瞑想法が説かれています。つまり大師は、金剛杵を保持することによって、いつでも望んだ時に大日如来と一体となり、大日如来そのものとして衆生を救済なさるのです。

一方、大師が左手に持つ念珠は、百八顆《か》の珠を連ねた本連の念珠です。百八は、人間の煩悩の数ともいわれますが、密教では曼荼羅の諸尊の数とも考えられています。念珠は本来、唱えた真言の回数を数えるための道具で、真言を一遍唱えるごとに一つの珠を動かして数を取ってゆきます。それゆえ数珠《じゅず》とも呼ばれるのです。

大師が坐っている椅子は、本来は天皇のみに着座が許された特別な調度です。大師に深く帰依した嵯峨天皇が大師のために禁中の椅子を下賜されたという記録もありますが、真言密教の仏の世界における法王である大日如来に等しい大師であるからこそ、椅子に坐ることがふさわしいのです。なお、京都の東寺に伝えられる「談義本尊《だんぎほんぞん》」と呼ばれる画像や、真言八祖の一人として描かれる「八祖様式」と呼ばれる画像では、大師は背もたれや肘掛《ひじかけ》のない四脚の牀台《しょうだい》に坐っています。

椅子の下に、靴の一種である木履とともに置かれている水瓶には、仏の智慧が溶け込んだ浄水が満たされており、その水を灌《そそ》がれた者はみな、仏と等しい存在になれるのです。また水瓶は、密教の法の相承を象徴しています。水が瓶から瓶へ移されるように、法灯が師から弟子へと伝えられてきました。

大師が着する法衣は、褊衫《へんざん》と呼ばれるもので、裙《くん》という腰衣を巻いて、上半身に上着を着用するセパレートタイプのものです。正式には、その上着のみを褊衫と呼びます。そして褊衫の上には、七条《しちじょう》の袈裟をまとっています。いずれも「香色《こうじき》」といわれる黄色あるいは紫色のかかった褐色に染められており、「桧皮色《ひわだいろ》」とも表現されます。

真如様式の大師御影（大進美術提供）

椅子に坐し、手に五鈷の金剛杵と念珠を持つ。椅子の下には、木履（木靴）と水瓶が置かれる。褊衫と呼ばれる香染めの法衣と、七条の袈裟を着す。

金銅錫杖頭（善通寺蔵、国宝）
大師が唐より請来したとされる善通寺の宝物。振るたびに音を発する六つの環は、大乗仏教徒が実践すべき布施《ふせ》・持戒《じかい》・忍辱《にんにく》・精進《しょうじん》・禅定《ぜんじょう》・智慧《ちえ》の六波羅蜜《ろくはらみつ》の修行を表す。

修行大師像（小豆島の佛谷山）
錫杖と鉄鉢を携えて行脚する姿の大師像。四国では、霊場寺院の境内や遍路道などのいたるところでこのような修行大師の像に出会うことができる。

◇修行大師

四国遍路をしていると、修行大師の像にもよく出会います。読んで字のごとく、修行中の大師の姿を表現したもので、たいていの霊場寺院の境内に、この修行大師の大きな銅像が安置されています。

修行大師像は立った姿で、右手には錫杖《しゃくじょう》を握り、左手には念珠と鉄鉢《てっぱつ》を持っています。手甲《てっこう》と脚絆《きゃはん》を着けた旅装束のいでたちで、草鞋《わらじ》を履き、大きな網代笠《あじろがさ》をかぶっており、寝具とするための莫蓙《ござ》を背負った像も見られます。

錫杖は、宝珠形の金属の輪に小さな環をいくつか繋いだ仏具を杖の先に付けたもので、振るとシャクシャクと澄んだ音がします。旅の僧侶が猛獣や毒蛇を追い払うために用いる道具ですが、その音には心中の煩悩を払い除く功徳があるとも考えられています。善通寺には、大師が唐の国から請来した金銅錫杖頭が伝存しており、国宝に指定されて

鯖大師の御影

片手に鯖を持つのが特徴。「大坂や八坂さか中鯖ひとつ大師にくれで馬のはらやむ」の歌が記される。歌の中の「で」の一文字を「て」に替えると、歌の意味が「馬のはら病む」から「馬のはら止む」に変化する。

います。

鉄鉢は、僧侶が托鉢に用いる器です。戒律によって財産の保有が認められない僧侶は、この器を持って家々を回り、食べ物を入れていただくのです。若き日の大師も、托鉢をしながら四国の各地を回って修行に励んだのです。

なお、修行大師像の変わり種に、徳島海部《かいふ》の番外霊場・八坂寺《やさかでら》に祀られる鯖《さば》大師の像があります。この大師像は、片手に魚の鯖を提げているのでこのように呼ばれます。

修行中の大師は、当地で塩鯖を運ぶ馬子《まご》に鯖一尾を所望しましたが、慳貪《けんどん》の馬子はそれを無視して通り過ぎようとしました。すると馬が腹痛を起こし、馬子は前へ進むことができなくなってしまいました。困った馬子が自分の過ちを悔い、大師に鯖一尾を捧げたところ、馬の病はたちまち治り、また、馬子から得た塩鯖を大師が海に放つと、鯖は生き返って泳ぎ出したそうです。この時の大師の姿を表したのが、鯖大師の像です。

◇さまざまな大師の姿

幼少の頃の大師の姿を写したものに、稚児《ちご》大師の像があります。蓮台の上に坐って合掌した童子形の像が一般的ですが、善通寺には、立った姿で、両手で五輪塔を捧げ持つ像が伝えられています。五輪塔は、釈尊入滅から五十六億七千万年の後にこの世に降臨するとされている未来の仏・弥勒菩薩の持ち物ですが、大師はこの弥勒菩薩と同体であるという考えから、大師の像も五輪塔を捧げているのでしょう。また、高野山奥の院の灯籠堂には、日輪《にちりん》大師と呼ばれるスタイルの大師像が祀られています。真っ赤な日輪（太陽）の中の蓮華座に坐り、右手に五鈷の金剛杵、左手に五輪塔を持った姿です。

善通寺にはもう一点、「瞬目《めひき》大師」と呼ばれる大師の画像が伝えられています。真如様式の大師の御影とほぼ変わりないのですが、画面右上に釈迦如来が影向《ようごう》する様が描かれているのが特徴です。この画像を土御門天皇が拝された際、絵の中の大師が瞬《まばた》きしたため、この名が与えられました。後世、多くの模写が製作され、「善通寺様式」の大師像といわれています。

瞬目大師の画像は、大師が入唐の前に池に映ったみずからの姿を描いて両親に贈ったものであるという伝承もあり、五十年に一度、御遠忌《ごおんき》の年にのみ開帳されます。

秘鍵大師像（大日寺蔵）
大師が宮中で嵯峨天皇のために『般若心経』を講義した時に示した姿とされる。右手に利剣を持ち、太陽の光を身体から放つ。

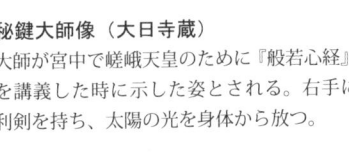

四国別格第八番
ゆきなやむ浮世の人を渡さずば一夜も十夜の橋と思ほゆ
御野宿大師
伊予大洲十夜ヶ橋

十夜ヶ橋の御影
霊場を管理する永徳寺《えいとくじ》が発行。小さな橋の下で横になって野宿する大師の姿が描かれる。現在、十夜ヶ橋は近代的な大きな橋となったが、大師を慕って訪れる参拝者が絶えない。

秘鍵《ひけん》大師は、大師が文殊菩薩の三昧《さんまい》に住した姿で、右手に利剣《りけん》を持っています。大師は、『般若心経』を密教の立場で注釈した『般若心経秘鍵』の中で、「文殊の利剣は諸戯《しょけ》を断つ」と述べています。この利剣は、我々の心の中にある煩悩や執着を切り払うためのものです。嵯峨天皇がみずから書写あそばされた『般若心経』を納める京都の大覚寺《だいかくじ》などに、この秘鍵大師が祀られています。

また、愛媛大洲《おおす》の有名な番外霊場・十夜ヶ橋《とよがはし》の橋架下には、横になって休んでいる大師の像が安置されています。

十夜ヶ橋は、大師が当地を巡錫の折に宿がなく、橋の下で過ごした一夜が十日分の夜の長さに感じられたとされる霊跡です。大師は「ゆきなやむ浮世の人を渡さずば一夜も十夜の橋と思ほゆ」の歌を残したといわれています。大師が眠れなかったのは、空腹や寒さのせいばかりではなく、衆生を余すことなく悟りの世界へ渡す方法をずっと思案していたからなのです。

稚児大師像（善通寺蔵）

善通寺御影堂の奥殿に、父・佐伯善通、母・玉依御前の像とともに祀られる秘仏。立像で、両手で五輪塔を掲げるのが特徴。

コラム・大師の十の名前

大師には、十の名前（十号）があるといわれています。まずは、幼名である①**真魚**《まお》。宝亀五年（七七四）、讃岐地方の有力な豪族・佐伯氏の家に生まれた大師は、真魚と名付けられました。

大師は他の子供とは違い、仏と語らう夢を見、仏像を作って遊んだため、人々からは②**神童**《しんどう》と呼ばれました。また、大師の両親は大師を③**貴者**《とうともの》として大切に育てました。これらが第二と第三の名前です。

私度僧となって四国での厳しい修行を終えた後、大師は剃髪して沙弥《しゃみ》となり、④**教海**《きょうかい》と名乗ったとされています。さらにその後、⑤**如空**《にょくう》、⑥**無空**《むくう》と名前を変えたといわれています。

正式に得度と受戒を受けて官僧となった時より、大師は⑦**空海**《くうかい》と名乗りました。四国で修行中に見た、まっすぐな水平線が続く太平洋の雄大な眺めからこの名を得たとの伝承もあります。

大師は能筆家としても有名で、嵯峨天皇、橘逸勢《たちばなのはやなり》とともに平安の三筆に数えられ、「弘法は筆を択《えら》ばず」の諺は誰もが知っています。唐の都で大師は、皇帝の御前で書を披露し、五つの書体を自在に書き分けたことから、皇帝は⑧**五筆和尚**《ごひつわじょう》と称えたといわれています。

⑨**遍照金剛**《へんじょうこんごう》は、大師の灌頂名《かんじょうみょう》です。大師が唐の青龍寺で灌頂壇に入った時、投げた花が胎蔵曼荼羅、金剛界曼荼羅ともに中央の大日如来の上に落ち、恵果和尚を感嘆させたといわれています。そのため大日如来の別の名である「遍照金剛」を授かったのです。

⑩**弘法大師**《こうぼうだいし》は、延喜二十一年（九二一）に、醍醐天皇から大師に下賜された諡号《しごう》です。「大師」の諡号を授けられた高僧は現在までに二十四人いますが、「大師は弘法に奪われ、太閤は秀吉に奪わる」といわれるように、日本人の多くが「大師」といえば弘法大師を思い浮かべます。

3　弘法大師に親しむキーワード

八栗寺参道の大師像

青葉祭《あおばまつり》

　毎年六月十五日に開催される大師の誕生を祝う法会。降誕会《ごうたんえ》。青葉の美しい頃に行われるのでこのように呼ばれる。六月十五日は真言付法の第六祖・不空《ふくう》三蔵が入滅した日とされ、大師は三蔵の生まれ変わりであるともいわれる。

いろは歌《うた》

　日本語の四十七の音すべて（撥音《はつおん》の「ん」を除く）を用いて作られた「色《いろ》は匂《にほ》へど(と)　散《ち》りぬるを　我《わ》が(か)世誰《よたれ》ぞ(そ)　常《つね》ならむ　有為《うゐ》の奥山《おくやま》けふ越《こ》えて　浅《あさ》き夢見《ゆめみ》じ(し)　酔《ゑ》ひもせず(す)」の歌で、仮名の手習い歌として親しまれてきた。諸行無常《しょぎょうむじょう》の真理を平易かつ巧みに説き明かしており、この歌の作者は大師であると人口に膾《かい》炙《しゃ》している。ただし、使われる音の種類が中世のものであること、韻の形式が今様《いまよう》であることなどから、十一世紀中葉に成立したと考えられている。表音文字を用いるインドの言語（サンスクリット）にも精通し、優れた文才を持った大師に、この歌の作者が仮託されたのであろう。

印《いん》

　インドの言葉「ムドラー」の訳語で、「印契《いんげい》」、「手印《しゅいん》」ともいう。インドでは手に結ぶジェスチャーで心情や原理を象徴的に表現する習慣があり、舞踊や仏像の表現に用いられた。そのジェスチャーをムドラーというが、ムドラーの語には「印章」の意味もあるので「印」と漢訳された。仏や菩薩の像が結ぶ特定の印を「印相《いんぞう》」といい、真言行者はみずからの手に種々の印を結ぶことによって仏・菩薩の功徳や働きを自身に体現する。

御衣替《おころもが》え

　醍醐天皇が、夢に現れた入定中の大師のために法衣を贈ったことにちなむ高野山の行事で、毎年三月二十一日の正御影供《しょうみえく》の日に、新調した法衣一式が大師に献上される。

大師に捧げられる法衣は、高野山の宝亀院《ほうきいん》にある「御衣《おころも》の井戸」の水を用いて桧皮色《ひわだいろ》に染められ、法衣店で仕立てた後、三月十七日に同院で行われる「御衣加持《ぎょいかじ》」の法要を経て、櫃《ひつ》に入れて奥の院の大師の御前へと運ばれる。櫃の中には、法衣や袈裟をはじめ、念珠、桧扇《ひせん》、草鞋《そうかい》（木靴）など、さまざまな品が納められている。

乙訓寺《おとくにでら》

聖徳太子開創の古刹で、八幡神《はちまんじん》と大師が融合した「合体大師」（秘仏）を祀る。桓武天皇が進める長岡京造営の主導者であった藤原種継《ふじわらのたねつぐ》の暗殺事件に際し、首謀者の嫌疑をかけられた桓武天皇の弟・早良《さわら》親王はこの寺に幽閉され、淡路へ流される途中に憤死した。

弘仁二年（八一一）、大師はこの寺の別当に任ぜられたが、それは大師の法力によって親王の御霊を鎮めるためであったともされる。大師が乙訓寺の敷地で穫れた蜜柑《みかん》の実を、毎年の恒例として嵯峨天皇に献上したことが知られている。

合体大師（乙訓寺の護符）

開題《かいだい》

経典の題名を詳しく解説することにより、その経典全体の大意を述べた書物。大師は、密教経典の『大日経』、『金剛頂経』のみならず、護国経典の『金光明経《こんこうみょうきょう》』や『仁王経《にんのうきょう》』、大乗経典の『梵網経《ぼんもうきょう》』や『般若経《はんにゃきょう》』、『法華経《ほけきょう》』に対するものなど、三十六巻に上る開題を著している。

奈良国立博物館所蔵の『金剛般若経開題』（残巻）は大師の真筆で、国宝に指定されている。

加持《かじ》

仏が大きな慈悲の心で衆生に力を与えることを「加」といい、それを衆生が信心をもって受け止めることを「持」という。それらが互いに応じ合った際、悟りや願いを成就させる不思議な力が働くとされる。大師は『即《そく》身成仏義《しんじょうぶつぎ》』の中で「加持とは、如来の大悲と衆生の信心とを表す。仏日《ぶつにち》の影、衆生の心水《しんすい》に現ずるを加と曰《い》い、行者の心水、よく仏日を感ずるを持《じ》と名づく。」と説明している。

日本では、大師をはじめ偉大な密教行者が発揮する、現実を変えることのできる不思議な能力を「加持力《かじりき》」といい、その行為を「加持」というようになった。全国には、大師が加持によって湧出させた「加持水」や、加持によって変形させた「加持石」などが数多く存在する。

インドの言葉では、アディシュターナという。

狩場明神《かりばみょうじん》

大師を高野山へ導いた神で、二匹の犬を連れた狩人の姿をしていたのでこの名がある。高野《こうや》明神ともいう。高野山の地主神であるとされる女神・丹生《にう》

白と黒の犬を連れた狩場明神と大師
（西国寺蔵）

明神の御子とされ、姉妹《きょうだい》に気比《けひ》明神、厳島《いつくしま》明神があり、四神を「高野四社明神」という。

　高野山麓の天野《あまの》には四社明神を奉祀する丹生都比売《にうつひめ》神社が鎮座し、高野山の壇場伽藍の御社《みやしろ》にも四社明神が祀られ、神前において学僧たちによる論議が執り行われる。

灌頂《かんじょう》

　目を隠したまま壇上の曼荼羅に花を投げて自分の守り本尊を決め（投華得仏《とうけとくぶつ》）、その後、阿闍梨《あじゃり》（「先生」や「師」の意）から仏の智慧が宿った水を頭に灌《そそ》いでもらい密教の法灯を継承する儀礼。インドの言葉ではアビシェーカという。

　在家信者が行う結縁《けちえん》灌頂、出家者が入門儀礼として行う受明《じゅみょう》灌頂、一定の行位を修めた僧侶が阿闍梨となるために行う伝法《でんぽう》灌頂などの別がある。入唐した大師は唐の永貞元年（八〇五）、恵果和尚から大悲胎蔵生、金剛界、伝法阿闍梨位の三度の灌頂を授かった。

　また、大師は弘仁三年（八一二）に高雄山寺（神護寺）で金剛界、胎蔵の結縁灌頂を開壇し、受者の中には伝教大師・最澄もいた。

弘法大師伝《こうぼうだいしでん》

　大師ほど伝記の多い人物はいない。最も古い大師の伝記は『空海僧都伝《くうかいそうずでん》』であり、大師の弟子の真済《しんぜい》僧正が承和二年（八三五）に撰したとされるが、それを疑問視する声もある。

　最も信用度の高い史料は、『続日本後紀《しょくにほんこうき》』の巻四、承和二年三月庚午の条に記される「空海卒伝」で、真言宗の伝統の中では、『御遺告《ごゆいごう》』の中に記される大師の自叙伝が最も権威ある伝記として重要視されてきた。

　また、寛平七年（八九五）に「貞観寺座主《じょうがんじざす》」によって著された『贈大僧正空海和上伝記《ぞうだいそうじょうくうかいわじょうでんき》』も、脚色の少ない大師の伝記とされる。

　絵伝も多く、本書で挿絵に用いた『高野大師行状図画《こうやだいしぎょうじょうずえ》』は南北朝時代の作で、重要文化財に指定されている。

弘法《こうぼう》も筆《ふで》の誤《あやま》り

大師は、三筆《さんぴつ》の一人に数えられる能筆家でもある。しかし、勅命によって応天門《おうてんもん》の額の字を揮毫した際、大師は誤って「応」の文字の点を一つ書き落

応天門の額に筆を投げ上げる大師
(『弘法大師行状記』・大日寺蔵)

としてしまった。そこで「どんな名人にでも失敗はある」という意味の諺「弘法も筆の誤り」ができたとされる。ただし、大師は筆を高く投げ上げ、掲げられた額に見事に点を補ったといわれる。

また、大師はどのような書体でも自在に書き分けたので「弘法は筆を択《えら》ばず」という諺が生まれたが、大師が皇太子時代の淳和天皇に筆を贈った時の書状(『性霊集』所収)には「能書《のうしょ》は必ず好筆《こうひつ》を用《もち》う。…臨池《りんち》、字に逐《したが》って筆を変《へん》ず。」(能書家は必ずよい筆を選び、文字を書く時には書体に応じて筆を使い分ける。)と記しており、また弘仁三年(八一二)には、嵯峨天皇に真書(楷書)、行書、草書、写書(写経)用の四種の狸毛筆を献上している。その際の上表文「狸毛筆奉献表《りもうひつほうけんひょう》」が醍醐寺《だいごじ》に現存し、国宝に指定されている。

なお、代表的な大師の真跡として以下のようなものがある。

聾瞽指帰《ろうこしいき》…『三教指帰《さんごうしいき》』の初校本で、大師二十四歳の時の作とされる。二巻あり。金剛峯寺蔵、国宝。

三十帖策子《さんじゅうじょうさっし》…大師在唐時のノートブック。入唐をともにした橘逸勢《たちばなのはやなり》や、写経生の筆跡も混じる。仁和寺《にんなじ》蔵、国宝。

灌頂歴名《かんじょうれきめい》…『灌頂記』ともいう。弘

仁三年（八一二）に高雄山寺（神護寺）で灌頂を行った際の受者の名前を記したメモ。神護寺蔵、国宝。

風信帖《ふうしんじょう》…伝教大師・最澄に宛てた手紙三通（風信帖、忽披帖《こつひじょう》、忽恵帖《こつけいじょう》）の総称。一通目が「風信雲書」の文言で始まるのでこのように呼ばれる。東寺蔵、国宝。

真言七祖像讃《しんごんしちそぞうさん》…東寺に伝わる真言七祖の肖像画七幅に書き加えられた祖師名と行状文。インド人の祖師の名に刷毛書のような飛白体《ひはくたい》という書体が用いられることで有名。

崔子玉座右銘《さいしぎょくざゆうのめい》…後漢の崔瑗《さいえん》の『座右銘』（五言二十句）を草書で数十行に書いたもの。切り分けられて散逸した部分が多く、冒頭の十文字が高野山宝亀院《ほうきいん》に残る。

益田池碑銘並序《ますだいけひめいならびにじょ》…奈良県橿原市にあった灌漑用の池・益田池が天長二年（八二五）に完成した際に大師が書いた碑銘。その模本のみが現存し、さまざまな書体が交えられる。

高野《こうや》の七不思議《ななふしぎ》

高野山に伝わる伝説で、①高野山に蛇なし、②高野山に臼なし、③姿見《すがたみ》の井戸、④高野の大雨、⑤玉川《たまがわ》の魚、⑥杖ケ藪《つえがやぶ》、⑦覚鑁坂《かくばんざか》の七つをいう。

大師に関係するのは①と⑤と⑥で、①は、高野山には毒蛇がいないことをいう。開創当時の高野山には巨大な毒蛇が棲んでいたが、大師が竹箒《たけぼうき》で追っ払って以来、高野山にはマムシなどの毒蛇がいなくなったという。そのため高野山では竹箒を使わない慣わしがある。

⑤は、魚を串に刺して焼いているのを見た大師が、買い取って川に放したところ、魚が生き返って泳いで行ったという逸話にちなむ伝説で、奥の院の近くを流れる玉川には、背中に串を刺された痕のある魚が生息している。これはアブラハヤという種類の淡水魚で、高野山ではババジャコと呼ばれている。

⑥は、大師が杖として用いていた竹の棒を地面に立てたところ、芽が吹いて竹藪になったという伝承で、実際に高野山の入り口の一つである摩尼峠《まにとうげ》の

あたりには、「杖ケ藪」という地名が残っている。

ちなみに②は、女人禁制の高野山に杵（男性）はあっても臼（女性）はないという喩えで、③姿見の井戸は、奥の院の参道の途中にある中の橋のたもとにある井戸で、この井戸の水面に顔が映らなければ三年以内に寿命が尽きてしまうといわれる。④は、戒律を守っていない俗人が高野山に登嶺すると、浄化のために必ず大雨が降るという伝説。多くの参詣者が訪れる正御影供の後にも必ず雨が降るといわれている。⑦覚鑁坂は、中の橋から興教大師《こうぎょうだいし》・覚鑁を祀る密厳堂《みつごんどう》までの坂道をいい、四十三段の石段があり、ここで転ぶと三年以内に寿命が尽きるといわれる。

御詠歌《ごえいか》

和歌形式（五・七・五・七・七の三十一音）で詠まれた仏教歌をいい、節《ふし》（メロディー）を付けて詠唱する。西国三十三所や四国八十八ヶ所の霊場では、一ヶ寺ごとに個別の御詠歌が定められている。

大師の宝前で唱えられる御詠歌の代表的なものに、天台座主《てんだいざす》・慈円《じえん》（慈《じ》鎮和尚《ちんかしょう》）作の「ありがたや高野《たかの》の山の岩陰に大師はいまだおはしますなる」と、作者不明の「あなうれし行くも帰るも留まるも我は大師と二人連れなり」がある。前者は高野山での入定留身《にゅうじょうるしん》を、後者は同行二人《どうぎょうににん》を詠った歌。

なお、藤原定家《ふじわらのていか》撰の『新勅撰和歌《しんちょくせんわか》集《しゅう》』には、大師御作の歌として「法性《ほっしょう》の室戸《むろと》といへど我すめば有為《うゐ》の浪風《なみかぜ》よせぬ日ぞなき」の一首が収録されている。自然環境の厳しい室戸岬での修行を詠んだ歌であるが、心を澄ませば迷いのない悟りの世界に入ることができる、との意味も込められている。

御遠忌《ごおんき》

弘法大師が入定してから五十年ごとに行われる法会。高野山をはじめ、各地の真言宗寺院で盛大に執り行われる。入定一一五〇年の御遠忌は一九八四年（昭和五十九年）。次回、二〇〇〇年の御遠忌は二〇三四年。

御七日御修法《ごしちにちみしほ》

正月（一月）の八日から十四日までの七日間に亙って京都の東寺で行われる真言宗最高の厳儀《ごんぎ》。大師請来の仏舎利《ぶっしゃり》をはじめ、両部曼荼羅や五大尊《ごだいそん》の画像を祀り、玉体の安穏と国家の泰平が祈られる。承和二年（八三五）に大師が創始し、本来は宮中の真言院で執り行われた。

御宝号《ごほうごう》

大師を礼拝する際に唱える「南無大《なむだい》師遍照金剛《しへんじょうこんごう》」の言葉を御宝号という。

「南無」はインドの言葉「ナマス（ナマッハ、ナモー）」の漢字音写で、帰依《きえ》や帰命《きみょう》の意味がある。「大師」は、朝廷から高僧に贈られる諡号《しごう》。「遍照金剛」は大師の灌頂名《かんじょうみょう》で、摩訶《まか》毘盧遮那如来《びるしゃなにょらい》すなわち大日如来を指す。大師が恵果和尚から灌頂を受けた際、曼荼羅に投げた花が中央の大日如来の上に落ちたのでこの名を授かった。

よって「南無大師遍照金剛」とは、「大日如来に等しい存在であられる弘法大師に帰依いたします。」という意。

護摩《ごま》

炉の中で供物を燃やし、火の神アグニ（火天《かてん》）に委託して天上の神々に供物を届け、恩恵を得るバラモン教の儀礼「ホーマ」に由来する密教儀礼。「護摩」は「ホーマ」の漢字音写。密教では、護摩の火を仏の智慧の火と考え、その智火によって行者の煩悩を焼尽する修法へと展開した。

大師も各地で護摩を修したことが知られ、四国では、第六十五番霊場・三角寺や、大師修築の満濃池などに護摩壇の跡とされる霊岩が残る。

御遺告《ごゆいごう》

大師が入定する六日前の承和二年（八三五）三月十五日に弟子たちに対して説いた二十五箇条の遺言。学術的

遺誡をしたためる大師（『弘法大師行状記』・大日寺蔵）

には後世の偽作とされるが、真言宗では大師の真撰として大切にされてきた。大師の自伝をはじめ、東寺、弘福寺《ぐふくじ》（川原寺《かわらでら》）、珍皇寺《ちんこうじ》（愛宕寺《おたぎでら》）、金剛峯寺（高野山）などの真言宗寺院の運営方針、弟子たちが修行する際の心構え、室生寺《むろうじ》に埋めた如意宝珠《にょいほうしゅ》を護持すべきことなどが語られている。如意宝珠とは、何でも願いごとを叶えるとされる不思議な力を持った宝石。

金剛界曼荼羅《こんごうかいまんだら》

『金剛頂経《こんごうちょうきょう》』に説かれる曼荼羅で、さまざまな系統の図像が存在するが、大師が恵果和尚より授かり日本に請来したものは「金剛界九会《くえ》曼荼羅」といわれ、九つの曼荼羅（成身会《じょうじんね》、三昧耶会《さんまやえ》、微細会《みさいえ》、供養会《くようえ》、四印会《しいんね》、一印会《いっちんね》、理趣会《りしゅえ》、降三世会《ごうざんぜえ》、降三世《ごうざんぜ》三昧耶会《さんまやえ》）を一画面に集めて描いた複合的なもの。基本となるのは中央の「成身会」で、大日如来の完全な智慧や徳を三十七に細分し、三十七尊の仏や菩薩の姿で象徴させる。三十七尊は、その働きや特性によって如来部《にょらいぶ》、金剛部《こんごうぶ》、宝部《ほうぶ》、法部《ほうぶ》、羯磨部《かつまぶ》の五つのグループ（五部《ごぶ》）に分かれている。

『金剛頂経《こんごうちょうきょう》』

『金剛頂《こんごうちょう》経』は、正式には『金剛頂一切如来真実摂大乗現証大教王経《いっさいにょらいしんじつしょうだいじょうげんしょうだいきょうおうきょう》』という。釈尊は「五相成身観《ごそうじょうじんがん》」という密教の修行によって悟りを得て仏陀となったと説き、金剛界曼荼羅の描き方を説明する。『大日経』に少し遅れて七世紀の後半頃に成立したといわれ、その後のインドの密教にも大きな影響を与えた。真言宗の所依の経の一つで、『大日経』と併せて「両部の大経」として珍重される。

『金剛頂経』は本来、十八種の経典を組み合わせた厖大な分量を持つ叢書（『広本《こうほん》の金剛頂経』）であったといわれ、不空《ふくう》三蔵がその原典をインドから持ち帰る途中に海上で暴風雨に遭い、多くを失ったとされる。その初会《しょえ》（巻頭）の経だけが残ったので、『初会の金剛頂経』とも呼ばれる。真言宗で用いる不空三蔵の漢訳は『初会の金剛頂経』の冒頭部分の抜粋であり、その全体は宋代になって施護《せご》三蔵によって翻訳された。

金剛峯寺《こんごうぶじ》

高野山全体に対する総称。現在は一一七の子院（塔頭《たっちゅう》）を擁する。ただし明治二年（一八六九）以降、豊臣《とよとみ》秀吉《ひでよし》が亡き母の菩提を弔うために建立した青巌寺《せいがんじ》と、隣接する興山寺《こうざんじ》を合併して、金剛峯寺と呼ぶようになった。高野山真言宗の総本山で、管長が「座主《ざす》」として住職を務める。「金剛峯」の寺名は、大師が『金剛峯楼閣一《こんごうぶろうかくいっ》切瑜伽瑜祇経《さいゆがゆぎきょう》』にちなんで付けたとされる。

根本大塔《こんぽんだいとう》

高野山の中心的な建物で、大師が発願し、大師の入定後に弟子の真然《しんぜん》大徳（高野山第二世）が完成させた。大師は、僧坊と講堂を中心に東西に二基の多宝塔を並べた伽藍の構成をデザインしたが、東の塔が根本大塔にあたる。毘盧遮那法界体性塔《びるしゃなほうかいたいしょうとう》といい、創建当初は十六丈（約四八・五メートル）の高さを誇っていた。火災によって焼失を重ねたが、その都度再建され現在に至る。久安五年（一一四九）の二度目の焼失の際には、平清盛《たいらのきよもり》が再建した。

現在の大塔は昭和十二年（一九三七）に再建された鉄筋コンクリート造り。

高さは四八・五メートル。内部には胎蔵大日如来と金剛界の四仏（阿閦《あしゅく》如来、宝生《ほうしょう》如来、阿弥陀《あみだ》如来、不空成就《ふくうじょうじゅ》如来）を祀り、金胎不二《こんたいふに》の曼荼羅世界を具現化している。また、柱には、堂本印象《どうもといんしょう》画伯の筆による金剛界曼荼羅の十六大菩薩が描かれている。

『三学録《さんがくろく》』

大師が著した、真言宗の僧侶が学ぶべき経《きょう》（経典）、律《りつ》（戒律に関する典籍）、論《ろん》（論書）の三蔵に属する仏典の目録。正式には『真言宗所学経律論《しんごんしゅうしょがくきょうりつろん》目録《もくろく》』という。経に百五十部二百巻、律に十五部百七十三巻、論に二部十一巻、その他、梵字真言讃等に四十巻の題名が挙げられている。

三鈷《さんこ》の松《まつ》

大師は唐から帰国する際、日本において真言密教の道場を建立するにふさわしい吉祥な場所を選ぶため、明州《みんしゅう》の港から密教法具の三鈷杵《さんこしょ》を空中に投げ上げたとされる。

三鈷杵はその後、高野山の松の木の上で発見され、高野山に伽藍が造営されることとなった。その三鈷杵は「飛行《ひぎょう》三鈷」として高野山の秘宝とされており、三鈷杵が掛かっていた松の木は「三鈷の松」と呼ばれ、壇場伽藍の御影堂の前にはその子孫の木が現在も聳えている。普通、松の葉は二本一

唐の明州から三鈷杵を投げる大師（『高野大師行状図画』・地蔵院蔵）

組であるが、この木の葉は三本一組。

飛行三鈷杵
（金剛峯寺蔵）

三十帖策子《さんじゅうじょうさっし》

大師が唐で学んだ時のノートブックで、多くの経典や密教儀軌《ぎき》が書写されている。東寺に所蔵されていたが、高野山の真然《しんぜん》大徳が東寺長者の真雅《しんが》僧正から借り受けて持ち帰った。その後、紆余曲折を経て、東寺と高野山で策子の所属を巡って争いとなり、観賢《かんげん》僧正の上奏と宇多法王の勅を経て東寺に返還された。現在は仁和寺《にんなじ》が所蔵しており、国宝に指定されている。携帯に便利な小さなサイズの折本（冊子）で、本来は三十八冊あったとされる。

三度栗《さんどぐり》

行脚中の大師に栗の実を布施したところ、その地域の栗の木には一年に三度も実がなるようになったという霊験《れいげん》譚《たん》が、静岡県菊川市、三重県伊賀市、岡山県真庭市など日本各地に残っており、その栗の木のことを「三度栗」という。四国では、第三十七番霊場・岩本寺、高知県須崎市の観音寺《かんのんじ》、愛媛県四国中央市の西福寺《さいふくじ》の木が有名。

また真念《しんねん》の『四国偏礼功徳記《しこくへんろくどくき》』には、愛媛県宇和島のこととして「三間《みま》の四度栗」が紹介されている。これは貧しい家の家族が大師に宿を貸して栗の実を供したところ、山の栗の木が年に四度実るようになったという話。

『三昧耶戒序《さんまやかいじょ》』

大師には、密教独特の戒である三昧《さんま》耶戒《やかい》を授ける作法を説いた『秘密三昧《ひみつさんま》耶仏戒儀《やぶっかいぎ》』という著作があるが、その序文にあたるのが『三昧耶戒序』といわれる著作で、密教者は、信心《しんじん》、大悲心《だいひしん》、勝義心《しょうぎしん》（優れた仏の智慧を獲得しようとする心）、大菩提心《だいぼだいしん》（悟りを求めようとする心、あるいは人間が潜在的に持っている悟りを本質とする心）を起こすべきであると説く。その内容は、大師が弘仁十三年（八二二）に平城天皇に東大寺真言院で灌頂を授けた際に著した『平城天皇灌頂文《へいぜいてんのうかんじょうもん》』の末尾の四分の一と同じである。

三密《さんみつ》

仏の身《しん》・口《く》・意《い》の働き、すなわち身体と言語と精神の活動をいう。煩悩を持った衆生の身・口・意の働きは三業《さんごう》といい、我々は三業を三密に相応させることによって仏と一体となれると説かれる。

仏がなすのと同じように、慈悲と智慧に基づいた理想的な身体、言葉、心の活動を実際に行うことを「無相《むそう》の三密行《さんみつぎょう》」といい、真言行者が、手に印《いん》契《げい》を結び、口に真言を唱え、心に本尊を念じて行う瑜伽《ゆが》の修法を「有相《うそう》の三密行」という。三密行によって今生において即座に成仏することを「即身成仏《そくしんじょうぶつ》」という。

慈尊院《じそんいん》

高野山の麓、九度山《くどやま》にある高野山真言宗の寺院。弘仁七年（八一六）に年貢の徴収や庶務を司るために大師が置いた高野山の寺務所で、「高野政所《こうやまんどころ》」といわれた。女人禁制の高野山に対し、女性が参拝できたので「女人高野《にょにんこうや》」とも呼ばれる。

大師の母君は晩年、高野山に大師を訪ねたが、女人禁制であったため、この慈尊院に住んだとされる。大師は一ヶ月に九度も高野山を下って母君に会いに慈尊院を訪れたため、「九度山」の地名が付いたといわれる。本尊の弥勒如来坐像は国宝に指定されており、二十一年に一度のみ開帳される。「慈尊」とは、弥勒菩薩の別名。

島四国《しましこく》

全国各地に開かれた四国八十八ヶ所

の写し霊場（新四国）のうち、島嶼《とうしょ》にあるものを島四国という。

特に有名なのは香川県の小豆島《しょうどしま》に設けられた小豆島八十八ヶ所霊場で、愛知県の知多《ちた》八十八ヶ所霊場、福岡県の篠栗《ささぐり》八十八ヶ所霊場とともに「日本三大新四国」にも数えられる。大師は京都と讃岐を行き来する途中でしばしば小豆島に立ち寄ったとされ、その際に修行したとされる霊跡などが霊場になっている。貞享三年（一六八六）に島の僧侶たちによって整備された。無人の小庵が半数を占めるが、島の地形を利用した岩窟寺院もいくつかあり、多くの巡拝者を集めている。全行程は、およそ一五〇キロメートルで、奥の院六ヶ所も含まれる。

十住心《じゅうじゅうしん》

大師が、『大日経』に基づいて『秘《ひ》密曼荼羅十住心論《みつまんだらじゅうじゅうしんろん》』および『秘蔵宝《ひぞうほう》鑰《やく》』で示した、人間の心の十の在りよう。大師は、第一から第九のそれぞれの心の状態を段階的に他の宗教や宗派に当てはめて解釈し、第十番目の最高の心の状態を真言密教の悟りの境地として、他の宗教や顕教に対する密教の優位性を示すが（九顕一密《くけんいちみつ》）、一方で、すべての心の状態が密教の悟りの境地に至るための道程であるとも解釈する（九顕十密《くけんじゅうみつ》）。

①異生羝羊心《いしょうていようしん》…雄の羊のように欲望のままに生きる心。

②愚童持斎心《ぐどうじさいしん》…他を思いやることのできる、倫理や道徳に目覚めた心。↓儒教

③嬰童無畏心《ようどうむいしん》…信仰や宗教に目覚めた心。↓インドの諸宗教、道教

④唯蘊無我心《ゆいうんむがしん》…すべての存在や現象には実態がないと悟る心。↓声聞《しょうもん》

⑤抜業因種心《ばつごういんじゅしん》…十二因縁を観じて無明《むみょう》を断つ心。↓縁覚《えんがく》

⑥他縁大乗心《たえんだいじょうしん》…現象は幻であり、心のはたらきであると見る心。↓法相宗

⑦覚心不生心《かくしんふしょうしん》…すべての事物は空であると悟り安心を得た心。↓三論宗

⑧一道無為心《いちどうむいしん》…すべての存在は清らかであり、だれでも仏になることができると悟る心。↓天台宗

⑨極無自性心《ごくむじしょうしん》…すべての存在には定

まった性質がないと悟る心。→華厳宗

⑩秘密荘厳心《ひみつしょうごんしん》…すべての存在が無限の価値を具えた大日如来の顕現であると悟る心。→真言密教

十大弟子《じゅうだいでし》

大師の弟子の中で特に優れた十人を「十大弟子」あるいは「十傑《じゅっけつ》」という。高野山の御影堂の外陣や灯籠堂にはその肖像画が祀られている。

①実慧《じちえ》僧都…大師と同じ佐伯氏の出身で、東寺の長者となった。河内の観心寺《かんしんじ》を開創。諡号《しごう》は道興《どうこう》大師。

②真済《しんぜい》僧正…二十五歳で伝法阿闍梨《でんぽうあじゃり》となった秀才。大師より高雄山寺（神護寺）を託される。大師の詩文を集めた『性霊集《しょうりょうしゅう》』の編者。

③真雅《しんが》僧正…大師の二十七歳下の弟。清和天皇の護持僧として帰依を受け、京都に貞観寺《じょうがんじ》を開いた。諡号は法光《ほうこう》大師。

④道雄《どうゆう》僧都…実慧僧都の親族で、一説に智証《ちしょう》大師・円珍《えんちん》のおじであるともいわれる。東大寺で学んだ華厳宗の第七世で、京都に海印寺《かいいんじ》を開いた。

⑤円明《えんみょう》律師…東大寺で三論を学び、後に大師の弟子となって密教の法灯を継承。東大寺の別当を務めた。

⑥真如《しんにょ》法親王…平城天皇の第三皇子で、高岳《たかおか》親王という。皇太子となるが薬子《くすこ》の乱によって廃され、東大寺で出家して後に大師の弟子となる。六十歳を過ぎて入唐し、さらにインドを目指したが、羅越国《らおつこく》（マレー半島の南端とされる）で入滅。

⑦杲隣《ごうりん》大徳…東大寺で三論と法相を学び、後に大師より真言の法を受ける。京都に修学寺《しゅがくじ》を、関東の伊豆に修善寺《しゅぜんじ》を開いた。

⑧泰範《たいはん》大徳…伝教大師・最澄の愛弟子であったが、高雄山寺で大師から灌頂を受けたことをきっかけに比叡山を去り、大師の弟子となる。高野山の開創にも尽力。

⑨智泉《ちせん》大徳…大師の甥で、その母は大師の姉であると伝えられる。十四歳で大師の室に入り近くに従うが、三十七歳の若さで入滅。大師がその死を嘆いた「亡弟子智泉が為の達嚫文《たっしんもん》」が『性霊集』に収められる。京都山階

に報恩院《ほうおんいん》（岩船寺《がんぜんじ》）を建立。
⑩忠延《ちゅうえん》大徳…一説に、皇族以外ではじめて摂政となった藤原良房《ふじわらのよしふさ》（忠仁《ただひと》）の子とされる。真済僧正の入唐が決まって後、高雄山寺を預かった。

綜芸種智院《しゅげいしゅちいん》

大師が創設した私立大学。大師は天長五年（八二八）に「綜芸種智院式並序《しゅげいしゅちいんのしきならびにじょ》」（『性霊集』所収）を著して嵯峨天皇の皇后の義兄であった藤原三守《ふじわらのみもり》の邸宅を譲り受け、学校とした。①貧富や身分に別なく門戸が開かれ、②教師と学生に衣食が給付され、③仏教、儒教、道教を総合的に教授する、という理想的な教育理念に基づいた大学であったとされるが、その実態は明らかになっていない。大師入定後の承和十二年（八四五）に実慧《じちえ》僧都によって売却された。

守敏僧都《しゅびんそうず》

京都の西寺《さいじ》に住した僧で、大師のライバルとされる。天長元年（八二四）の大旱魃の年、神泉苑《しんぜんえん》で大師と雨乞いの験《げん》を競った際、日本中の龍神を隠して大師を妨害した。そこで大師はヒマラヤ山中の無熱池《むねっち》より善女龍王《ぜんにょりゅうおう》を呼び寄せ、大雨を降らせたとされる。

なお、大師を妬む者は中国にもいた。恵果和尚の兄弟弟子・順暁《じゅんぎょう》阿闍梨の弟子で、和尚の門弟でもあった珍賀《ちんが》

神泉苑で請雨を祈る大師と善女龍王（『弘法大師行状記』・大日寺蔵）

である。恵果和尚が自身の正嫡として大師に密教の奥義を授けようとした時、珍賀は嫉妬してそれに反対意見を申し出た。すると珍賀の夢に四天王が現れて珍賀を責め立てたため、珍賀は改心し、大師を礼拝したと伝えられる。

神護寺《じんごじ》

和気清麻呂《わけのきよまろ》によって開創された高雄山寺《たかおさんじ》を前身とする和気氏の氏寺。天長元年（八二四）、同じく清麻呂開創の神願寺《じんがんじ》を合併して、神護寺となった。唐より帰国後の大師は、都に移るまでこの寺を拠点に活動した。伝教大師・最澄らが入壇した「高雄の灌頂」は有名。京都市郊外にあり、紅葉の名所としても知られる。

真言《しんごん》

インドの言葉では「マントラ」という。本来は神々を讃える呪文であったが、密教ではそれを唱えることによって仏や菩薩との交流が可能になると考える。

なお、精神統一のために唱えられる呪文を「陀羅尼《だらに》（ダーラニー）」といい、真言に比べて長いものが多い。また「明呪《みょうしゅ》（ヴィディヤー）」は、それ自体に効力がある呪文で、現世利益のために用いられた。いずれもインドの原語のまま唱えられる。

大師は『般若心経秘鍵《はんにゃしんぎょうひけん》』の中で、「真言は不思議なり。観誦《かんじゅ》すれば無明《むみょう》を除く。一字に千理《せんり》を含み、即身《そくしん》に如法《にょほう》を証す。」と説いている。

真言八祖《しんごんはっそ》

真言密教の法灯を継承した八人の祖師で、「伝持《でんじ》の八祖」あるいは「八祖大師」ともいう。なお「付法《ふほう》の八祖」といった場合、⑤善無畏三蔵と⑥一行禅師を除き、はじめに大日如来と金剛薩埵《こんごうさった》を加える。伝持、付法ともに、大師は第八祖。

①龍猛《りゅうみょう》（龍樹《りゅうじゅ》）菩薩…インド名はナーガールジュナ。南天（南インド）の鉄塔の中で金剛薩埵より密教の教え

を授かり、人間界に弘めた。右手に三鈷杵《さんこしょ》を持つ。

②龍智《りゅうち》菩薩…インド名はナーガボーディ。龍猛菩薩の弟子で、七百年の長寿を保ったとされる。バラモン教にも通じていた。右手に経典の函《はこ》を持つ。

③金剛智《こんごうち》三蔵…インド名はヴァジュラボーディ。インドから唐へ渡り、『金剛頂経』系の密教を伝えた。右手に念珠を持つ。

④不空《ふくう》三蔵…インド名はアモーガヴァジュラ。西域の出身で、唐の長安で金剛智三蔵に入門。『金剛頂経』をはじめ多くの密教経典を翻訳した。大師は三蔵の生まれ変わりとされる。両手を結び金剛縛《こんごうばく》にする。

⑤善無畏《ぜんむい》三蔵…インド名はシュバカラシンハ。インドの王族出身。ナーランダー僧院で学び、八十歳になって唐に渡り、『大日経』系の密教を伝えた。右手の人差指を立てる(期剋印《きこくいん》)。

⑥一行《いちぎょう》禅師…中国の人で、「大衍暦《たいえんれき》」を編んだことで知られる天文学者でもある。善無畏三蔵に師事し、『大日経』の注釈書『大日経疏《しょ》』を撰述した。衣の中で両手を結ぶ。

⑦恵果《けいか》阿闍梨…中国生まれ。不空三蔵より『金剛頂経』系の密教を、善無畏三蔵の弟子・玄超《げんちょう》阿闍梨より『大日経』系の密教を学び、両系統の密教を一具として大師に授けた。童子を従える。

大師は、金剛智三蔵、不空三蔵、善無畏三蔵、一行禅師、恵果阿闍梨の五祖の画像を唐より請来し、弘仁十二年(八二一)に龍猛菩薩と龍智菩薩の像を新たに描かせ、七祖の画像を完成させた。七祖像は東寺に伝わる。

真然僧正《しんぜんそうじょう》

「しんぜん」とも「しんねん」とも読む。讃岐の佐伯氏出身で、大師の甥ともいわれる。大師の室に入り、大師の十大弟子の一人である真雅《しんが》僧正より両部の灌頂を受ける。大師が入定する前年の承和元年(八三四)に大師から高野山の造営を託されたといわれており、「高野山第二世」とされる。また、「伝灯国師《でんどうこくし》」の諡号《しごう》を授けられた。金剛峯寺の中に廟がある。

龍智菩薩

龍猛菩薩

不空三蔵

金剛智三蔵

板彫りの真言八祖像（国分寺蔵）

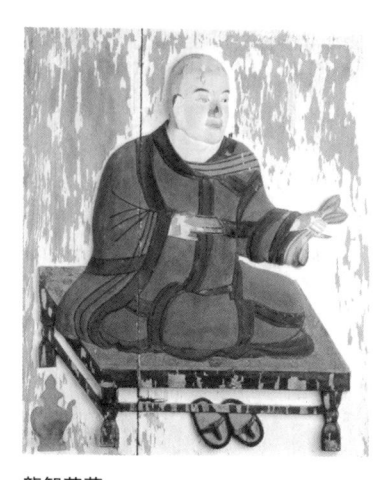

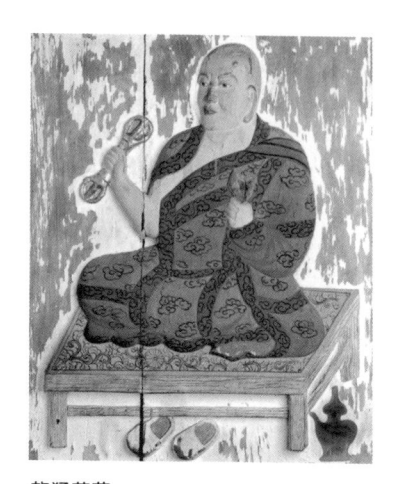

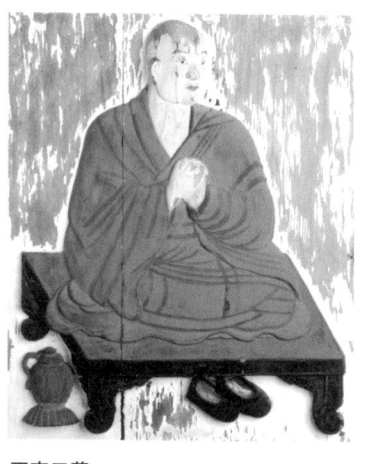

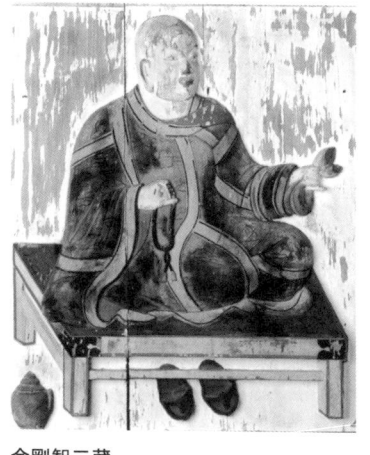

一行禅師

善無畏三蔵

弘法大師

恵果阿闍梨

承和三年（八三六）には、真済《しんぜい》僧正とともに入唐を試みるが、船が難破し、筏に乗って二十三日間漂流したが、真済僧正とともに九死に一生を得た。

大安寺《だいあんじ》

聖徳太子の開基とされる古刹で、奈良七大寺の一つ。天長六年（八二九）、大師はこの寺の別当に補任され、『御《ご》遺告《ゆいごう》』の中で「大安寺を以て本寺とすべし」と述べている。

入唐して虚空蔵求聞持法を日本に伝えた道慈《どうじ》律師が住した寺であり、大師の得度の師とも求聞持法の師ともされる勤操《ごんぞう》僧正はその孫弟子にあたる。大師の甥の智泉《ちせん》大徳も大安寺に籍を置いた。

胎蔵曼荼羅《たいぞうまんだら》

『大日経《だいにちきょう》』に説かれる曼荼羅で、つぶさには「大悲胎蔵生曼荼羅《だいひたいぞうしょう》」という。金剛界曼荼羅に合わせて「胎蔵界曼荼羅」とも呼ばれるが、正式には「界」を付けない。

大師が請来した系統の胎蔵曼荼羅を「現図《げんず》曼荼羅」といい、八枚の花弁を有する蓮華（ハスの花）の意匠を持つ中央の中台八葉院《ちゅうだいはちよういん》を中心に、遍智院《へんちいん》（仏母院《ぶつもいん》）、釈迦院《しゃかいん》、文殊院《もんじゅいん》、持明院《じみょういん》（明王院《みょうおういん》）、虚空蔵院《こくうぞういん》、蘇悉地院《そしっちいん》、蓮華部院《れんげぶいん》（観音《かんのん》院《いん》）、金剛部院《こんごうぶいん》（金剛手院《こんごうしゅいん》）、地蔵院《じぞういん》、除蓋障院《じょがいしょういん》、外金剛部院《げこんこうぶいん》（最外院《さいげいん》）の、十二の部分に分かれている。

生きとし生けるものの命は一つ一つが平等に価値を持ち、それらがすべて大日如来の大きな慈悲に包まれて互いにつながり合っているという、仏の目から見た世界の在りさまを表現する。

『大日経《だいにちきょう》』

『大日経』は、正式には『大毘盧遮《だいびるしゃ》那成仏神変加持経《なじょうぶつじんぺんかじきょう》』という。善無畏《ぜんむい》三蔵が翻訳した漢訳本は三十六章からなり、心の在り方などの教理を説明した第一章と、胎蔵曼荼羅の描き方や灌頂の作法などの実践を説く第二章以下に大別される。阿字観《あじかん》の瞑想法や、地・

水・火・風・空の五大を表現した五輪塔の典拠は『大日経』にある。大師は、久米寺《くめでら》の東塔で発見したこの経の内容を学ぶために入唐を決意したといわれる。『金剛頂経』と併せて「両部の大経」と呼ばれ、真言宗で最も重要な所依の経とされる。

久米寺で『大日経』に出会う大師
(『弘法大師行状記』・大日寺蔵)

大日如来《だいにちにょらい》

真言密教の本尊で、インドの言葉ではマハーヴァイローチャナ(「光り輝く者」の意)といい、遍照《へんじょう》如来、あるいは梵名を音写して摩訶毘盧遮那《まかびるしゃな》如来とも呼ばれる。大宇宙たる真理(法)そのものを身体とし、森羅万象をその内に包括する。

『大日経』に説かれる胎蔵《たいぞう》大日如来は、左の掌の上に右手の掌を重ねた「法界定印《ほうかいじょういん》(禅定印)」を結んだ姿をとる。『金剛頂経』に説か

胎蔵大日如来

金剛界大日如来

れる金剛界《こんごうかい》大日如来は、両手に拳を結び、伸ばした左手の人差指を右手の拳で握った「智拳印《ちけんいん》」を結ぶ姿で表現される。日本の密教では両部不二の思想に基づき、これら二種の大日如来は不二一体であるともされる。

大師の御住坊とされる高野山の龍光《りゅうこう》院《いん》には、日本では珍しい四面の金剛界大日如来像（秘仏）が祀られる。

弘仁四年（八一三）、大師が奈良仏教の各宗や天台宗の高僧たちと嵯峨天皇の御前で論議した際、大師が智拳印を結んで真言を唱えると、大師はたちまちに大日如来の姿となり、一同が伏して礼拝したとされる。その時に大師が示現した大日如来の姿は「八宗論大《はっしゅうろん》日如来」と呼ばれる。

高雄曼荼羅《たかおまんだら》

『大日経』に説かれる胎蔵曼荼羅と『金剛頂経』に説かれる金剛界曼荼羅を両部一具として日本にはじめて請来したのは大師である。恵果和尚が宮廷画家の李真《りしん》らに描かせた一辺が一丈六尺（四メートル）ほどの大きなものであったが、擦り減って傷んでしまったため、弘仁十二年（八二一）に第一回の転写本（弘仁本）が作成された。さらに天長年間（八二四〜八三四）に弘仁本の転写本が作られたが、高雄山寺（神護寺）の灌頂堂で用いられたのでこれを「高雄曼荼羅」という。大師請来の原本と弘仁本は現存しないので、大師が伝えた曼荼羅の図像を知る上で貴重な資料となる。紫綾地《しりょうじ》（濃い紫色に染めた綾織りの絹地）に金銀泥で描かれており、高雄から仁和寺《にんなじ》や高野山に移されたが、元暦元年（一一八四）に再び神護寺に戻された。

東寺《とうじ》

平安京遷都の際、羅城門《らじょうもん》の東西に王城鎮護のために建立された二つの官寺のうちの一つ。

弘仁十四年（八二三）、大師はこの寺を嵯峨天皇より預かり、「教王護国寺《きょうおうごこくじ》」と寺号を改めて真言密教の根本道場とした。講堂に安置される五仏・五菩薩・五明王・四天王・梵天と帝釈天から構成される仏像群（立体曼荼羅）は、大師の考案。「身は高野心は東寺に納めおく大師の誓ひあらたなりけり」と御詠歌に詠われる。

藤新太夫《とうしんだゆう》

俗説における大師の父の名前。大師の母は唐の国の姫君「あこや御前」で、船で流されて日本の讃岐の浜に漂着し、漁師の「藤新太夫（大夫）」に救われたとされる。あこや御前は黄金の魚が体内に入る夢を見て大師を身ごもったと語られ、大師の幼名は「金魚丸」とされる。金魚丸はひどく夜泣きしたので浦人に厭われ、あこや御前は幼い金魚丸を連れて苦労を重ねながら四国を放浪し、その足跡が四国八十八ヶ所の霊場になったという。

しかし、これらはまったくの俗説であり、典拠はない。江戸時代に大師の霊験譚《れいげんたん》を集めて出版された『四国《しこく》遍礼功徳記《へんろくどくき》』の付録は、「然《しか》るに世にしれ者ありて、大師の父は藤新大夫といひ、母はあこや御前といふなど、つくりごとをもて人を售《うる》。四国にはその伝記板に鋟《ちりばめ》、流行すときこゆ、これは諸伝記をも見ざる愚俗《ぐぞく》のわざならん。」と記してこの俗説を非難している。

東長寺《とうちょうじ》

福岡市博多区にある真言宗九州教団の寺院。大師が唐から帰朝した大同元年（八〇六）に、密教の東漸《とうぜん》（東へ伝わり広まること）を祈願して建立したとされる。大師の真筆とされる「東長密寺」の寺号額が伝えられる。福岡藩二代目藩主の黒田忠之《くろだただゆき》が帰依し、伽藍を現在地に移して諸堂宇を再興して菩提所とした。現在は「福岡大仏」として知られ、高さ一〇・八メートルの釈迦如来坐像を祀る。

灯籠堂《とうろうどう》

高野山奥の院の大師の御廟の前に建つ堂宇で、無数の灯籠が奉納されているので「灯籠堂」と呼ばれる。真然《しんぜん》大徳によって治安三年（一〇二三）に建立され、藤原道長《ふじわらのみちなが》によって現在に近い規模に整えられた。現在の建物は昭和三十九年（一九六四）に再建された。

堂内に奉安される「祈親灯《きしんとう》」は、祈親上人（持経上人《じきょう》）によって長和五年（一〇一六）に献じられたもので、また「白河灯《しらかわとう》」は、寛治二年（一〇八八）に白河法王が献上あそばされたもので、いずれも「消えずの火」として千年近く燃え続けている。さらに、お照《てる》という貧しい娘が、両親の追善のために自分の黒髪を売って寄進した「貧女《ひんにょ》の一灯《いっとう》」も有名。

徳一《とくいつ》

法相宗の僧で、東大寺に住したとされる。東国に移り、筑波の中禅寺《ちゅうぜんじ》や会津の慧日寺《えにちじ》を開創した。天台宗の祖・最澄と「三一権実諍論《さんいちごんじつのそうろん》」と呼ばれる論争を展開したことで知られる。大師が弟子の康守《こうしゅ》を遣わして密教経典の書写を依頼した際、『真言宗未決文《しんごんしゅうみけつのもん》』を著して真言密教に対する十一の疑問を呈した。

浪切不動明王《なみきりふどうみょうおう》

大師が唐より帰国の途、暴風雨に遭って難破の危機に瀕した際、海上に出現して大師の船を守護したとされる不動明王。右手に持つ剣で荒波を切って航行を助けたので「浪切」の名がある。

高野山南院《なんいん》の本尊はこの不動明王の姿を刻んだ像で、平将門《たいらのまさかど》の乱、元寇《げんこう》の役《えき》などの国難のたびに霊威を発揮したとされる。四国の第三十六番霊場・青《しょう》龍寺《りゅうじ》も浪切不動明王を本尊とする。

薫《におい》の聖教《しょうぎょう》

観賢《かんげん》僧正が高野山の大師入定の石室を開いた時、随行した淳祐内供《しゅんにゅうないぐ》は若くして修行が足りなかったせいか、大師の姿を拝することができなかった。そこで僧正が内供の手を取って大師の膝に触れさせたところ、内供の手は一生涯に亙って妙香の香りがしたという。

その後、淳祐内供は高名な学僧となるが、内供が著した書物にもその香りが移ったことから、「薫の聖教」と呼ばれる。

『付法伝《ふほうでん》』

大師が、真言密教の法灯を連綿として継承してきた祖師たちの系譜についてまとめた文献で、広略二種のテキストがある。詳しいほうは正式には『秘密曼荼羅教付法伝《ひみつまんだらきょうふほうでん》』といい、『広《こう》付法伝』と呼ばれる。それを略してまとめたものが『真言付法伝《しんごんふほうでん》』で、『略《りゃく》付法伝』と呼ばれる。

『広付法伝』では、第一祖・大日如来、第二祖・金剛薩埵、第三祖・龍猛菩薩、第四祖・龍智菩薩、第五祖・金剛智阿闍梨、第六祖・不空金剛阿闍梨、第七祖・恵果阿闍梨について、それぞれの伝記を記すが、これは、『金剛頂経』を相承した系譜に一致する。『略付法伝』ではさらに、『大日経』を相承した善無畏三蔵と一行禅師についても触れられている。『略付法伝』には、弘仁十二年（八二一）九月六日の日付が記されている。

曼荼羅《まんだら》

曼荼羅とは、「円輪」を意味するインドの言葉「マンダラ」の漢字音写。仏の悟りの境地を、仏・菩薩の姿やシンボル、種子《しゅじ》と呼ばれる諸尊を表す文字などを一定の法則で配列することによって可視的に表現した図。インドでは本来、地面に築いた土壇の上に描かれ、それを用いた儀礼の終了とともに壊されたが、中国や日本ではもっぱら紙や布に描かれる。

表現形式の上から、仏や菩薩の姿で描いたものを①大《だい》曼荼羅、蓮華や金剛杵などのシンボルで描いたものを②三昧耶《さんまや》曼荼羅、文字で描いたものを③法《ほう》曼荼羅、仏像を並べて表現した立体曼荼羅を④羯磨《かつま》曼荼羅という。これらは「四種《ししゅ》曼荼羅」と呼ばれ、それぞれ仏の①身《しん》（身体）、②意《い》（精神）、③口《く》（言語）、④業《ごう》（活動）に焦点を当てて表現した曼荼羅とされ、大師は『即《そく》身成仏義《しんじょうぶつぎ》』の中で、これら四種の曼荼羅は本来一体となって現実世界に存在している（「四種曼茶《まんだ》各《おのおの》離れず」）と述べる。

曼荼羅には数多くの種類があるが、真言密教で重要視されるのは「両部曼《りょうぶまん》荼羅」と呼ばれる胎蔵曼荼羅と金剛界曼荼羅であり、真言宗寺院の本堂には、本尊の左右（東と西）に一具で掲げられる。

微雲管《みうんかん》

大師が入定の六日前に弟子たちに残したとされる『御遺告《ごゆいごう》』の第十七条の中に、「吾《わ》れ閉眼《へいげん》の後には必ず方《まさ》に兜率他天《とそつたてん》に往生《おうじょう》して弥勒慈尊《みろくじそん》の御前に侍すべし。五十六億余の後には必ず慈尊と御共に下生《げしょう》し、祇候《しこう》して吾が先縦《せんじゅう》を問うべし。亦且《またか》つ、未だ下らざる間は、微雲管《みうんかん》より見て信否《しんぴ》を察すべし。」という一節がある。「私は入定の後、必ずや弥勒菩薩の住する兜率天に行き、菩薩に仕えるであろう。釈尊入滅より五十六億七千万年後に弥勒菩薩がこの世界に降臨して説法なさる時には、私もいっしょに下《くだ》り来って、かつて自身が歩んだ跡を訪ねて衆生を救済するであろう。それまでは微雲管から、そなたたちが懸命に修行に励んでいるか、そうでないか、見張っていよう。」という意味の文章で、大師の入定信仰、高野山の兜率浄土信仰の典拠となった有名なくだりである。

ここにいう「微雲管」とは、下界を覗くための穴であるとか、下界を見渡すための一種の望遠鏡であるとの説もあるが、「管」の字は「館」に通じ、「美しい雲のたなびく館」という意味になる。

高野山の清浄心院《しょうじょうしんいん》には、大師が入定の一日前に自身で彫ったとされる廿日《はつか》大師の像が祀られているが、その背中には「微雲管」の三文字が記されているといわれる。また、四国八十八ヶ所の霊場の中には、大師堂に「微雲管」と書いた扁額を掲げている寺院もある。

御影供《みえく》

大師が入定した三月二十一日に行われる法要。祥月の三月二十一日に行われるものを「正《しょう》御影供」といい、毎月行われるものを「月並《つきなみ》御影供」という。延喜十年（九一〇）に観賢《かんげん》僧正が東寺の灌頂院《かんじょういん》で始めたとされる。二十一日は大師の縁日でもある。

密教《みっきょう》

インドにおいて大乗仏教がことさら大衆化し、バラモン教やヒンドゥー教などの諸要素を取り入れて展開した仏教の一形態をいう。インドでは一般の大乗仏教を指す「波羅蜜乗《はらみつじょう》」に対して「真言乗《しんごんじょう》」と呼ばれる。六世紀頃から、インドの仏教が滅びる十三世紀初頭まで流行した。現在、チベットやネパールにもその伝統が伝えられており、日本では真言宗、天台宗の中で学ばれ、真言宗の密教は東密《とうみつ》、天台宗の密教は台密《たいみつ》と呼ばれる。

大師は、「密教」に対してその他の仏教を「顕教《けんぎょう》」と呼び、密教の優れた特徴として①真理（法）そのものが説法するとする「法身説法《ほっしんせっぽう》」、②悟りの世界を表現できるとする「果分可説《かぶんかせつ》」、③輪廻転生を繰り返して功徳を積まずとも今生において速疾に成仏できるとする「即身成仏《そくしんじょうぶつ》」、④衆生を救済する利益が優れているとする「教益《きょうやく》の卓越《たくえつ》」を挙げているが、その他、インドやチベットの密教も含め、神秘主義、総合主義、象徴主義、救済宗教、現実重視などの特徴を持つ。

室戸《むろと》の七不思議《ななふしぎ》

大師が修行した室戸岬の周辺に残る、大師の伝説にまつわる霊跡。

室戸岬に生育する①喰わず芋は、旅人に芋を分け与えなかった慳貪《けんどん》の人を戒めるために大師がその芋を食べられないものにしてしまったとされる植物

観音窟の入り口に繁茂する「喰わず芋」

で、里芋に似るが、毒があって食用にならない。

②鐘石《かねいし》は、第二十四番霊場・最御崎寺の境内にある大きな石で、小石で叩くと金属のような音がする。

③観音窟《かんのんくつ》は、最御崎寺が女人禁制であった時代に女人堂の役目を果たした洞窟で、大師が唐より請来したとされる大理石でできた如意輪観音像が祀られる。大師が一夜にして建立したので

大理石の如意輪観音像
（最御崎寺蔵）

「一夜建立《いちいやこんりゅう》の岩屋」とも呼ばれる。

④明星石《みょうじょういし》は、修行の邪魔をする悪龍などの魔物を驚かせるために大師が岩に唾を吐きかけたところ、輝き出して魔物が退散したとされる霊岩で、実際には光る鉱物を含む斑糲岩《はんれいがん》を指す。

⑤行水《ぎょうずい》の池は、大師が修行中に沐浴したとされる小さな池で、海岸にあって潮の干満にさらされながら真水を湛えている。

⑥目洗いの池は、行水の池と同様に海岸にある真水の池で、この池の水で目を洗えば、大師の加持力によって眼病が平癒するといわれている。

⑦捻岩《ねじりいわ》は、大師の母君である玉依御前が修行中の大師を訪ねて女人禁制の最御崎寺へ登ろうとしたところ、嵐が起こったため、大師が法力で大岩を捻じ曲げてその下に母君を匿《かくま》い、嵐から守ったとされる場所で、不思議な形の大岩が残されている。

その他、室戸岬には、岩の上に残る大師の杖の跡や、大師が灌頂の儀式を行ったとされる灌頂ヶ浜など、多くの大師の足跡を見ることができる。

『理趣経《りしゅきょう》』

大乗仏教を代表する経典である『大般若経《だいはんにゃきょう》』の「理趣分《りしゅぶん》」が密教経典へと展開した、『金剛頂経』系の経典。真言宗の読誦《どくじゅ》経典であるが、煩悩即菩提の思想を説くことから、修行を積んだ僧侶にしか読むことが許されない秘

経とされた。

伝教大師・最澄より依頼された『理趣経』の注釈『般若理趣釈《はんにゃりしゅしゃく》』（『理趣釈経』）の借覧を大師が断ったことによって、両大師が仲違いしたとされる。

また大師は、弘仁十二年（八二一）、ともに唐に渡った遣唐大使・藤原《ふじわらの》葛野麻呂《かどのまろ》の追善法養を営み、紫綾に金銀糸で刺繍した『理趣経』の曼荼羅の豪華版を制作した。

利剣名号《りけんみょうごう》

元弘元年（一三三一）八月、都で大地震が起こり、疫病が流行して多くの死者が出た。時の後醍醐天皇の勅命により知恩寺《ちおんじ》（浄土宗の大本山）の第八世・善阿空円《ぜんなくうえん》上人が宮中に参内して七日七夜に亙り阿弥陀仏の名号を百万遍唱えたところ疫病が止み、感じ入った後醍醐天皇は「百萬遍」の勅号とともに、秘蔵されていた大師御作の利剣名号の軸を下賜したとされる。名号とは「南無阿弥陀仏」の六文字で、その文字が剣のように尖った書体で書かれることから利剣名号と呼ばれる。

利剣名号

ブックガイド　入門書としての文庫・新書を中心に　※出版年順

司馬遼太郎『空海の風景　上・下』（中公文庫）　中央公論新社、一九七八年

渡辺照宏・宮坂宥勝『沙門空海』（ちくま文芸文庫）　筑摩書房、一九九三年

竹内信夫『空海入門　弘仁のモダニスト』（ちくま新書）　筑摩書房、一九九七年

辰濃和男『四国遍路』（岩波新書）　岩波書店、二〇〇一年

頼富本宏『空海と密教　「情報」と「癒し」の扉をひらく』（PHP新書）　PHP研究所、二〇〇二年

頼富本宏『平安のマルチ文化人　空海』（NHKライブラリー）　日本放送出版協会、二〇〇五年

松長有慶『大宇宙に生きる　空海』（中公文庫）　中央公論新社、二〇〇九年

村上保壽『空海のこころの原風景』（小学館新書）　小学館、二〇一二年

竹内信夫『空海入門の思想』（ちくま新書）　筑摩書房、二〇一四年

松長有慶『高野山』（岩波新書）　岩波書店、二〇一四年

森正人『四国遍路　八八ヶ所巡礼の歴史と文化』（中公新書）　中央公論新社、二〇一四年

川﨑一洋『弘法大師空海と出会う』（岩波新書）　岩波書店、二〇一六年

松長有慶『空海』（岩波新書）　岩波書店、二〇二二年

白川密成『マイ遍路　札所住職が歩いた四国八十八ヶ所』（新潮新書）　新潮社、二〇二三年

あとがき

筆者が十数年に亙る高野山での修行を終えて、四国の霊場寺院に居を移してから八年の歳月が流れました。高野山での大師は、お祖師様として時に厳しく筆者の修行を見守ってくださいました。また、机上で学ぶ大師は、学べば学ぶほど、いよいよその天才ぶりを発揮し、筆者を感嘆させるばかりでした。しかし、「同行二人」の信仰が息づく四国では、大師は皆に対して実に親しく、「元気にやっていますか?」と微笑みかけてくださいます。

四国におけるそんな身近で庶民的な大師を紹介すべく、『四国「弘法大師の霊跡」巡り』の上梓に続き、四国の遍路道で出会う数々の石の大師像を写真で紹介することにしました。本書で使用した写真は、注記がない限り、カメラにはまったく素人の筆者が撮影したものです。拙い写真を披露いたしますこと、ご海容を請うばかりです。

末筆ながら、写真資料をご提供くださいました岩本寺(高知県)、愛媛県歴史文化博物館、高野山出版社、高野山霊宝館、国分寺(高知県)、西国寺(広島県)、善通寺宝物館、大進美術、最御崎寺(高知県)の各位、両部曼荼羅の写真を撮影していただいた竹村豊氏、貴重なご助言を賜った浅井證善氏、土居夏樹氏に、記して感謝申し上げます。

南無大師遍照金剛

平成二十六年七月　四国霊場および高野山の開創一千二百年を記念して

筆者

著者略歴

川﨑　一洋（かわさき　かずひろ）

昭和49年、岡山県に生まれる。僧名は一洸。

高野山大学大学院博士課程修了。博士（密教学）。現在、四国八十八ヶ所霊場第二十八番・大日寺住職。高野山大学非常勤講師、善通寺教学振興会専門研究員、智山伝法院嘱託研究員を務める。

密教の曼荼羅を中心に、アジア各地の仏教美術、仏教儀礼を研究。ネパールやチベットの各地でフィールドワークを重ねる。論文多数。

近著に『四国「弘法大師の霊跡」巡り』（セルバ出版）がある。

改訂版
弘法大師に親しむ

2014年8月20日　初版発行　2014年10月15日 第2刷発行
2023年10月4日　改訂版発行

著　者　川﨑　一洋　

発行人　森　忠順

発行所　株式会社 セルバ出版
〒113-0034
東京都文京区湯島1丁目12番6号 高関ビル5B
☎03（5812）1178　FAX 03（5812）1188
https://seluba.co.jp/

発　売　株式会社 三省堂書店／創英社
〒101-0051
東京都千代田区神田神保町1丁目1番地
☎03（3291）2295　FAX 03（3292）7687

印刷・製本　株式会社 丸井工文社

Printed in JAPAN
ISBN978-4-86367-849-1